# Sabor a Fuego Lento
# El Arte Culinario de Cocinar con Paciencia

## Sofía González

# Indice

Cerdo asado con hierbas .................................................................. 23

INGREDIENTES ................................................................................. 23

PREPARACIÓN .................................................................................. 23

Costillas cortas con cebolla Crockpot ............................................. 25

INGREDIENTES ................................................................................. 25

PREPARACIÓN .................................................................................. 25

Cerdo Crockpot Con Pimentón ........................................................ 26

INGREDIENTES ................................................................................. 26

PREPARACIÓN .................................................................................. 27

Cerdo Asado En Olla Crockpot ........................................................ 28

INGREDIENTES ................................................................................. 28

PREPARACIÓN .................................................................................. 29

Posole Crockpot ................................................................................ 30

INGREDIENTES ................................................................................. 30

PREPARACIÓN .................................................................................. 30

Chuletas de cerdo Crockpot II ......................................................... 31

INGREDIENTES ................................................................................. 31

PREPARACIÓN .................................................................................. 31

Chuletas de cerdo Crockpot - Joan's .................................................................. 32

INGREDIENTES.................................................................................................... 32

PREPARACIÓN .................................................................................................... 32

Chuletas De Cerdo Y Papas En Crockpot ........................................................ 34

INGREDIENTES.................................................................................................... 34

PREPARACIÓN .................................................................................................... 34

Chuletas De Cerdo En Crockpot ....................................................................... 35

INGREDIENTES.................................................................................................... 35

PREPARACIÓN .................................................................................................... 35

variantes ................................................................................................................ 36

Cazuela De Pasta Y Espinacas Crockpot ........................................................ 37

INGREDIENTES.................................................................................................... 37

PREPARACIÓN .................................................................................................... 38

Estofado De Cerdo En Crockpot ....................................................................... 39

INGREDIENTES.................................................................................................... 39

PREPARACIÓN .................................................................................................... 40

Cerdo desmenuzado en olla de cocción lenta ............................................... 41

INGREDIENTES.................................................................................................... 41

PREPARACIÓN .................................................................................................... 41

Receta de costillas crockpot .............................................................................. 42

INGREDIENTES.................................................................................................... 42

PREPARACIÓN ................................................................................................. 42

Costillas agridulces rústicas en olla de cocción lenta ............................. 43

INGREDIENTES ............................................................................................. 43

PREPARACIÓN ................................................................................................. 43

Kielbasa cubierta ........................................................................................... 45

INGREDIENTES ............................................................................................. 45

PREPARACIÓN ................................................................................................. 46

Barbacoa De Cerdo Sureña .......................................................................... 47

INGREDIENTES ............................................................................................. 47

PREPARACIÓN ................................................................................................. 47

Olla caliente holandesa ................................................................................ 48

INGREDIENTES ............................................................................................. 48

PREPARACIÓN ................................................................................................. 49

Sándwich De Cerdo A La Parrilla Simple .................................................. 50

INGREDIENTES ............................................................................................. 50

PREPARACIÓN ................................................................................................. 50

Asa ligeramente las costillas en la olla eléctrica ..................................... 51

INGREDIENTES ............................................................................................. 51

PREPARACIÓN ................................................................................................. 51

Parrilla Crockpot Fácil .................................................................................. 52

INGREDIENTES ............................................................................................. 52

PREPARACIÓN ........................................................................ 52

Chuletas de cerdo y papas fáciles en Crockpot ....................... 53

INGREDIENTES ..................................................................... 53

PREPARACIÓN ........................................................................ 53

jamón de paso ........................................................................ 54

INGREDIENTES ..................................................................... 54

PREPARACIÓN ........................................................................ 54

Costillas en el cortijo .............................................................. 55

INGREDIENTES ..................................................................... 55

PREPARACIÓN ........................................................................ 56

Costillas de cerdo con fruta .................................................... 57

INGREDIENTES ..................................................................... 57

PREPARACIÓN ........................................................................ 58

Jamón glaseado en bolsa ....................................................... 59

INGREDIENTES ..................................................................... 59

PREPARACIÓN ........................................................................ 59

Pimientos verdes fritos ........................................................... 60

INGREDIENTES ..................................................................... 60

PREPARACIÓN ........................................................................ 60

Lomo de cerdo "verde" ........................................................... 61

INGREDIENTES ..................................................................... 61

PREPARACIÓN ............................................................................. 62

albóndigas de jamón ................................................................ 63

INGREDIENTES ........................................................................... 63

PREPARACIÓN ............................................................................. 64

Cazuela con jamón moreno y queso ....................................... 65

INGREDIENTES ........................................................................... 65

PREPARACIÓN ............................................................................. 65

Jamón a la sidra ........................................................................ 67

INGREDIENTES ........................................................................... 67

PREPARACIÓN ............................................................................. 68

Jamón En La Crockpot .............................................................. 69

INGREDIENTES ........................................................................... 69

PREPARACIÓN ............................................................................. 69

Croquetas de jamón y patatas fritas ...................................... 70

INGREDIENTES ........................................................................... 70

PREPARACIÓN ............................................................................. 70

Cazuela De Fideos Con Jamón ................................................. 71

INGREDIENTES ........................................................................... 71

PREPARACIÓN ............................................................................. 72

Jamón de patata y queso parmesano ..................................... 73

INGREDIENTES ........................................................................... 73

PREPARACIÓN .................................................................................. 74

Flan de jamón y verduras ................................................................ 75

INGREDIENTES .................................................................................. 75

PREPARACIÓN .................................................................................. 76

Jamón en salsa de durazno ............................................................. 77

INGREDIENTES .................................................................................. 77

PREPARACIÓN .................................................................................. 78

Tetrazzini con jamón ....................................................................... 79

INGREDIENTES .................................................................................. 79

PREPARACIÓN .................................................................................. 80

feliz cumpleaños cerdo ................................................................... 81

INGREDIENTES .................................................................................. 81

PREPARACIÓN .................................................................................. 81

Asado de cerdo hawaiano ............................................................... 82

INGREDIENTES .................................................................................. 82

PREPARACIÓN .................................................................................. 82

Frijoles duros con bistec y salchicha ............................................... 83

INGREDIENTES .................................................................................. 83

PREPARACIÓN .................................................................................. 83

Holly es la Kielbasi más fácil de todos los tiempos. ....................... 85

INGREDIENTES .................................................................................. 85

PREPARACIÓN ................................................................................. 85

Costillas De Miel Y Chipotle ............................................................ 86

INGREDIENTES ................................................................................ 86

PREPARACIÓN ................................................................................. 87

Solomillo De Cerdo Con Miel De Dijon ............................................ 88

INGREDIENTES ................................................................................ 88

PREPARACIÓN ................................................................................. 89

Jamón Glaseado en Miel ................................................................. 90

INGREDIENTES ................................................................................ 90

PREPARACIÓN ................................................................................. 90

Costillas glaseadas con miel ............................................................ 91

INGREDIENTES ................................................................................ 91

PREPARACIÓN ................................................................................. 92

Jamón con miel y verduras .............................................................. 93

INGREDIENTES ................................................................................ 93

PREPARACIÓN ................................................................................. 93

Solomillo de cerdo con mostaza y miel ........................................... 95

INGREDIENTES ................................................................................ 95

PREPARACIÓN ................................................................................. 95

Wraps de salchicha y tocino ............................................................ 97

INGREDIENTES ................................................................................ 97

PREPARACIÓN ................................................................................ 97

Sándwiches calientes de jamón y espárragos .......................................... 98

INGREDIENTES .............................................................................. 98

PREPARACIÓN ................................................................................ 98

Chuletas de cerdo picantes y picantes .................................................... 99

INGREDIENTES .............................................................................. 99

PREPARACIÓN .............................................................................. 100

encantos húngaros ............................................................................ 101

INGREDIENTES ............................................................................ 101

PREPARACIÓN .............................................................................. 102

Repollo del cazador .......................................................................... 103

INGREDIENTES ............................................................................ 103

PREPARACIÓN .............................................................................. 104

Estofado húngaro ............................................................................ 105

INGREDIENTES ............................................................................ 105

PREPARACIÓN .............................................................................. 106

cerdo indonesio ................................................................................ 107

INGREDIENTES ............................................................................ 107

PREPARACIÓN .............................................................................. 107

El cerdo de la isla ............................................................................ 109

INGREDIENTES ............................................................................ 109

PREPARACIÓN ................................................................................ 110

Salchicha italiana con espaguetis ........................................... 111

INGREDIENTES ............................................................................ 111

PREPARACIÓN ............................................................................ 112

Lomo De Cerdo Con Especias Jamaicanas ............................. 113

INGREDIENTES ........................................................................... 113

PREPARACIÓN ............................................................................ 114

Chuletas Crockpot de Janet .................................................... 115

INGREDIENTES ........................................................................... 115

PREPARACIÓN ............................................................................ 115

Kielbasa con repollo ................................................................ 116

INGREDIENTES ........................................................................... 116

PREPARACIÓN ............................................................................ 116

Cazuela De Kielbasa ................................................................. 117

INGREDIENTES ........................................................................... 117

PREPARACIÓN ............................................................................ 117

Knockwurst y repollo .............................................................. 118

INGREDIENTES ........................................................................... 118

PREPARACIÓN ............................................................................ 118

Salchicha de manzana Crockpot baja en grasa ..................... 119

INGREDIENTES ........................................................................... 119

PREPARACIÓN .................................................................................................. 119

Salario y panal .................................................................................................. 120

INGREDIENTES .................................................................................................. 120

PREPARACIÓN .................................................................................................. 120

Cerdo Mexicano y Frijoles Negros ..................................................... 121

INGREDIENTES .................................................................................................. 121

PREPARACIÓN .................................................................................................. 122

Cena agridulce en Milwaukee .............................................................. 123

INGREDIENTES .................................................................................................. 123

PREPARACIÓN .................................................................................................. 124

Mostaccioli ........................................................................................................... 125

INGREDIENTES .................................................................................................. 125

PREPARACIÓN .................................................................................................. 126

Jamón Glaseado Con Mostaza ............................................................. 127

INGREDIENTES .................................................................................................. 127

PREPARACIÓN .................................................................................................. 128

Cerdo Myron's Bar-BQ ............................................................................... 129

INGREDIENTES .................................................................................................. 129

PREPARACIÓN .................................................................................................. 130

Costillas chinas de Myron ........................................................................ 131

INGREDIENTES .................................................................................................. 131

PREPARACIÓN ................................................................................. 131

Mis costillas al estilo campestre ..................................................... 132

INGREDIENTES ............................................................................... 132

PREPARACIÓN ................................................................................. 132

Cerdo asado asiático de Myron ....................................................... 133

INGREDIENTES ............................................................................... 133

PREPARACIÓN ................................................................................. 133

"Barbacoa" de cerdo de día lluvioso de Carolina del Norte. ........... 134

INGREDIENTES ............................................................................... 134

PREPARACIÓN ................................................................................. 134

Cerdo asado con naranjas ............................................................... 136

INGREDIENTES ............................................................................... 136

PREPARACIÓN ................................................................................. 137

La chuleta de cerdo perfecta de Paige ........................................... 138

INGREDIENTES ............................................................................... 138

PREPARACIÓN ................................................................................. 138

pimentón de cerdo ........................................................................... 140

INGREDIENTES ............................................................................... 140

PREPARACIÓN ................................................................................. 141

Salsa De Salchichas Y Tomates Secos ............................................ 142

INGREDIENTES ............................................................................... 142

PREPARACIÓN ............................................................. 143

Filete de cerdo con melocotones ................................. 144

INGREDIENTES ........................................................... 144

PREPARACIÓN ............................................................. 144

Lomo de cerdo con piña .............................................. 146

INGREDIENTES ........................................................... 146

PREPARACIÓN ............................................................. 147

Cena de cerdo asado con piña .................................... 148

INGREDIENTES ........................................................... 148

PREPARACIÓN ............................................................. 149

Piña - lomo de cerdo con arándanos rojos ................. 150

INGREDIENTES ........................................................... 150

PREPARACIÓN ............................................................. 150

Chuletas de cerdo marinadas con piña ....................... 151

INGREDIENTES ........................................................... 151

PREPARACIÓN ............................................................. 151

Pizza de papa crockpot ................................................ 152

INGREDIENTES ........................................................... 152

PREPARACIÓN ............................................................. 153

Chuletas de cerdo de plantación ................................. 154

INGREDIENTES ........................................................... 154

PREPARACIÓN ........................................................................................... 155

Delicioso cerdo y arroz ............................................................................ 156

INGREDIENTES ......................................................................................... 156

PREPARACIÓN ........................................................................................... 157

Cerdo y anacardos ................................................................................... 158

INGREDIENTES ......................................................................................... 158

PREPARACIÓN ........................................................................................... 158

cerdo con chile ........................................................................................ 159

INGREDIENTES ......................................................................................... 159

PREPARACIÓN ........................................................................................... 160

Cena de verduras con chuleta de cerdo ................................................. 161

INGREDIENTES ......................................................................................... 161

PREPARACIÓN ........................................................................................... 162

Chuletas de cerdo definitivas ................................................................. 163

INGREDIENTES ......................................................................................... 163

PREPARACIÓN ........................................................................................... 163

Milanesa de puerco ................................................................................. 164

INGREDIENTES ......................................................................................... 164

• ••• Salsa de cerdo ••• ............................................................................. 164

PREPARACIÓN ........................................................................................... 165

cerdo marengo ........................................................................................ 166

INGREDIENTES .................................................................................... 166

PREPARACIÓN .................................................................................. 167

Lomo de cerdo criollo ...................................................................... 168

INGREDIENTES .................................................................................... 168

PREPARACIÓN .................................................................................. 168

Lomo de cerdo con relleno de frutas .................................................. 168

INGREDIENTES .................................................................................... 168

PREPARACIÓN .................................................................................. 169

Solomillo de cerdo al pimentón ........................................................ 170

INGREDIENTES .................................................................................... 170

PREPARACIÓN .................................................................................. 170

Lomo de cerdo y batatas ................................................................... 172

INGREDIENTES .................................................................................... 172

PREPARACIÓN .................................................................................. 173

Kraut 'n manzanas polacas ............................................................... 174

INGREDIENTES .................................................................................... 174

PREPARACIÓN .................................................................................. 175

Cerdo con verduras chinas ............................................................... 176

INGREDIENTES .................................................................................... 176

PREPARACIÓN .................................................................................. 177

Chuletas De Cerdo Abracadabra ...................................................... 178

INGREDIENTES ...................................................................................... 178

PREPARACIÓN ..................................................................................... 178

Cazuela De Chuleta De Cerdo ............................................................ 179

INGREDIENTES ...................................................................................... 179

PREPARACIÓN ..................................................................................... 179

Chuleta De Cerdo Romántica ............................................................. 180

INGREDIENTES ...................................................................................... 180

PREPARACIÓN ..................................................................................... 181

Relleno de chuleta de cerdo y arándanos ....................................... 182

INGREDIENTES ...................................................................................... 182

PREPARACIÓN ..................................................................................... 182

Chuletas de cerdo - Olla de barro ...................................................... 183

INGREDIENTES ...................................................................................... 183

PREPARACIÓN ..................................................................................... 183

Chuletas de cerdo (olla de barro) ...................................................... 184

INGREDIENTES ...................................................................................... 184

PREPARACIÓN ..................................................................................... 184

Chuletas De Cerdo En Crockpot ......................................................... 185

INGREDIENTES ...................................................................................... 185

PREPARACIÓN ..................................................................................... 186

Chuletas de cerdo con manzanas ...................................................... 187

INGREDIENTES .................................................................................... 187

PREPARACIÓN ................................................................................... 187

Chuletas de cerdo y patatas ............................................................. 188

INGREDIENTES .................................................................................... 188

PREPARACIÓN ................................................................................... 189

Lomo de cerdo con salsa de naranja y arándanos rojos ...................... 190

INGREDIENTES .................................................................................... 190

PREPARACIÓN ................................................................................... 190

Solomillo de cerdo con calabaza y boniatos ......................................... 191

INGREDIENTES .................................................................................... 191

PREPARACIÓN ................................................................................... 191

Cerdo con salsa de mostaza y naranja ................................................. 192

INGREDIENTES .................................................................................... 192

PREPARACIÓN ................................................................................... 193

Cerdo asado con batatas .................................................................... 194

INGREDIENTES .................................................................................... 194

PREPARACIÓN ................................................................................... 194

Cazuela De Enchiladas De Cerdo ......................................................... 195

INGREDIENTES .................................................................................... 195

PREPARACIÓN ................................................................................... 196

Chuletas de cerdo al estilo campestre ................................................. 197

INGREDIENTES ..................................................................... 197

PREPARACIÓN ..................................................................... 197

Costillas de cerdo y chucrut ............................................... 198

INGREDIENTES ..................................................................... 198

PREPARACIÓN ..................................................................... 198

Cerdo y chucrut ..................................................................... 199

INGREDIENTES ..................................................................... 199

PREPARACIÓN ..................................................................... 200

Estofado de cerdo, chucrut y cebada ................................ 201

INGREDIENTES ..................................................................... 201

PREPARACIÓN ..................................................................... 202

Estofado de cerdo ................................................................. 203

INGREDIENTES ..................................................................... 203

PREPARACIÓN ..................................................................... 203

Estofado de cerdo con jugo de manzana ......................... 204

INGREDIENTES ..................................................................... 204

PREPARACIÓN ..................................................................... 205

Estofado de cerdo con batatas .......................................... 206

INGREDIENTES ..................................................................... 206

PREPARACIÓN ..................................................................... 207

Solomillo de cerdo con manzanas ..................................... 208

INGREDIENTES.................................................................................................. 208

PREPARACIÓN ............................................................................................... 208

Estofado de Cerdo y Tomatillo ................................................................... 209

INGREDIENTES.................................................................................................. 209

PREPARACIÓN ............................................................................................... 210

Cerdo asado a la olla .................................................................................. 211

INGREDIENTES.................................................................................................. 211

PREPARACIÓN ............................................................................................... 212

Jeff Pozol ....................................................................................................... 213

INGREDIENTES.................................................................................................. 213

PREPARACIÓN ............................................................................................... 213

Costillas rojas hervidas................................................................................ 214

INGREDIENTES.................................................................................................. 214

PREPARACIÓN ............................................................................................... 215

salsa de cerdo ............................................................................................... 216

INGREDIENTES.................................................................................................. 216

PREPARACIÓN ............................................................................................... 216

Salchicha italiana traviesa .......................................................................... 217

INGREDIENTES.................................................................................................. 217

PREPARACIÓN ............................................................................................... 218

Filetes abundantes de manzana y miel.................................................... 219

INGREDIENTES ................................................................................. 219

PREPARACIÓN ................................................................................. 220

# Cerdo asado con hierbas

## INGREDIENTES

- 4 dientes de ajo grandes, cortados en cuartos
- 1 lomo de cerdo asado, deshuesado, aprox. 4-5 libras
- 1 cucharadita de sal
- 1 cucharadita pequeña de hojas secas de tomillo
- 1/2 cucharadita de hojas de salvia secas, picadas
- 1/4 cucharadita de hojas secas de romero, picadas
- 1/4 cucharadita de estragón seco, picado, opcional
- una pizca de clavo o pimienta de Jamaica
- 1 cucharadita de cáscara de limón rallada, opcional
- 1/3 taza de agua
- 3 cucharadas de fécula de maíz, opcional
- 3 cucharadas de agua, opcional

## PREPARACIÓN

1. Corta 16 bolsitas pequeñas en el filete e introduce las rodajas de ajo. Combine la sal, las hierbas y la ralladura de limón en un tazón pequeño. Frote la mezcla de especias en el bistec.
2. Vierta 1/2 taza de agua en la olla de cocción lenta; agrega el bistec. Cubra y cocine a temperatura BAJA durante 8 a 10 horas. El cerdo asado debe marcar al menos 145° en un termómetro de lectura instantánea.

3. Si lo desea, espese los jugos. Retire el filete de los jugos. Combina la maicena con 3 cucharadas de agua; mezcle hasta que quede suave, luego agregue el jugo de la olla eléctrica.
4. Cocine a fuego alto hasta que espese. Se sirve con cerdo asado.
5. Puertas 8.

# Costillas cortas con cebolla Crockpot

## INGREDIENTES

- 4 o 6 chuletas de cerdo

- 1 paquete de mezcla para sopa de cebolla

- 1/2 taza de agua

- Papas

- Cebolla

- Zanahoria

## PREPARACIÓN

1. Coloca las chuletas de cerdo en una olla. Rocíe la mezcla de sopa alrededor y en el medio. Agrega agua. Agrega las cebollas peladas, las patatas y las zanahorias al gusto. Cocine a temperatura alta durante 3 1/2 a 4 horas o a temperatura baja durante 6 a 8 horas.
2. 4 a 6 porciones.

# Cerdo Crockpot Con Pimentón

## INGREDIENTES

- 3 a 4 libras. costillas de cerdo rústicas y deshuesadas
- 1/3 taza de harina para todo uso
- 4 cucharaditas de pimentón húngaro
- 1/2 cucharadita de sal
- Chile
- 1 o 2 cucharadas de aceite vegetal
- 1 cebolla grande, partida por la mitad y en rodajas
- 1/2 taza de caldo de pollo
- 1/2 taza de crema

# PREPARACIÓN

1. Lavar el cerdo y secarlo. Mezclar la harina, el pimentón, la sal y la pimienta en una bolsa plástica. Coloque la carne de cerdo en la bolsa y tápela bien.
2. Calienta el aceite vegetal en una sartén grande a fuego medio-alto. Agrega la carne de cerdo y la cebolla; cocinar aprox. De 5 a 6 minutos, volteando las costillas de cerdo una vez para que se doren por ambos lados. Coloque la carne de cerdo y las cebollas doradas en una olla de cocción lenta de 5 a 7 cuartos. Vierta el caldo de pollo en una sartén caliente y raspe los trozos dorados; vierta sobre la carne de cerdo.
3. Cubra y cocine a temperatura BAJA durante 6-8 horas. Retire el cerdo y manténgalo caliente.
4. Vierte el jugo en una cacerola y coloca a fuego medio. Cocine a fuego lento durante 5 a 8 minutos, hasta que se reduzca aproximadamente entre 1/4 y 1/3. Retirar del fuego y mezclar con la nata; Sirve la salsa sobre el cerdo.
5. 4 a 6 porciones.

# Cerdo Asado En Olla Crockpot

## INGREDIENTES

- 1 cerdo fresco, de 5 a 7 libras

- 1 cucharada de sal

- 2 cucharadas de azúcar

- Pimienta al gusto

- 1 1/4 tazas de vinagre

- 1/2 taza de salsa de tomate

- 1/2 taza de salsa barbacoa

- 1 1/2 cucharadas de pimiento rojo molido

- Un chorrito de salsa picante

## PREPARACIÓN

1. Pon la carne de cerdo en una olla de cocción lenta. Espolvorea el lomo de cerdo con sal y pimienta y agrega el vinagre. Cubra y cocine a temperatura BAJA durante 9 a 12 horas. Retirar de la olla y quitar la carne de los huesos. Cuela el líquido, desecha el exceso de grasa y reserva de 1 1/2 a 2 tazas. Agrega los ingredientes restantes. Mezclar con la carne picada y regresar a la olla. Cubra y cocine a temperatura BAJA durante 1 a 2 horas más. Se congela bien.

# Posole Crockpot

## INGREDIENTES

- 1 a 1 1/2 libras. costillas de cerdo deshuesadas estilo rústico
- 1 taza de cebolla picada
- 1 lata (aprox. 15 gramos) de maíz molido blanco
- 1 caja (aprox. 15 gramos) de maíz molido amarillo
- 1 lata (14,5 oz) de tomates enteros
- 1 diente de ajo, finamente picado
- 2 cucharaditas. chile en polvo
- 1 cucharadita. sal
- 1/2 cucharadita tomillo

## PREPARACIÓN

1. Cortar las costillas; Dorar la carne de cerdo en una sartén con aceite caliente. Agrega la cebolla y saltea; escurrir la grasa. Mezclar la carne de cerdo, la cebolla y los demás ingredientes en una olla. Hervir durante 6 1/2 - 8 1/2 horas.

# Chuletas de cerdo Crockpot II

## INGREDIENTES

- 4 a 6 chuletas de cerdo

- 1 lata (10 3/4 onzas) de crema de champiñones, apio u otra crema espesa

- 

1/2 taza de salsa de tomate

## PREPARACIÓN

1. Prepare chuletas de cerdo en la olla de barro. agregue la sopa y el ketchup. Cubra y cocine a temperatura BAJA durante 7 a 9 horas.

# Chuletas de cerdo Crockpot - Joan's

## INGREDIENTES

- 8 chuletas de cerdo deshuesadas
- 6 cebollas dulces grandes, peladas y cortadas en rodajas gruesas
- 2 cucharaditas de sal
- 1 cucharadita de pimienta
- 1 taza de caldo de pollo
- 1/4 a 1/2 taza de vino blanco seco o jerez
- 1/4 taza de cebollino fresco picado o perejil fresco picado

## PREPARACIÓN

1. Quite el exceso de grasa de las costillas. En una sartén grande o sartén antiadherente, sofreír las rodajas de cebolla a fuego medio, procurando no romperlas en rodajas. Retire las rodajas de cebolla a un plato grande; Poner a un lado
2. Encienda el fuego a medio alto y dore cada chuleta durante aproximadamente 2 minutos por cada lado. Después de voltear cada chuleta, espolvorea con una pizca de sal y una dosis generosa de pimienta negra recién molida. Retire las chuletas de cerdo a un plato grande.
3. Extinguir el fuego; agregue el caldo y el vino a la sartén y raspe los jugos de la sartén y los trozos marrones restantes.
4. Coloque las cebollas y las chuletas en la olla de cocción lenta, comenzando y terminando con las rodajas de cebolla; agrega el caldo.
5. Cubra y cocine a temperatura BAJA durante 7 a 9 horas.

6. Espolvorea con cebollino o perejil picado antes de servir.
7. Sirve de 6 a 8 personas.

# Chuletas De Cerdo Y Papas En Crockpot

## INGREDIENTES

- Chuletas de cerdo, costillas o filetes deshuesados de 4 a 6 (3/4 a 1 pulgada) de grosor
- 1/4 taza de harina sazonada con sal y pimienta
- 2-3 cucharadas de aceite vegetal
- 3 cucharadas de jerez seco o vino blanco, opcional
- 1 frasco de salsa Alfredo (16 oz)
- 3 papas grandes al horno, en rodajas finas
- 1 1/2 tazas de judías verdes frescas o congeladas picadas
- Sal y pimienta para probar

## PREPARACIÓN

1. Cubra las costillas con la mezcla de harina. Calienta el aceite vegetal en una sartén grande a fuego medio-alto. Agrega la cebolla y cocina hasta que se ablande. Agrega las chuletas de cerdo; dora por ambos lados. Retire las costillas y las cebollas a un plato; Poner a un lado Con una sartén caliente fuera del fuego, agrega el jerez y suelta los pedacitos dorados con una espátula. La mayor parte del vino se evaporará rápidamente.
2. Engrase los lados y el fondo de una olla de cocción lenta de 3 1/2 cuartos o más.
3. Coloque las patatas, espolvoree ligeramente con sal y pimienta. Coloca las judías verdes encima de las patatas. Transfiera las costillas y las cebollas doradas a la olla/olla de cocción lenta y vierta la salsa sobre las costillas. Vierta la salsa Alfredo por todas partes. Tapar y cocinar a fuego lento

durante 7-8 horas. Prueba y ajusta el sazón. Receta de chuleta de cerdo Para 4 a 6 porciones.

## Chuletas De Cerdo En Crockpot

## INGREDIENTES

- 4 a 6 chuletas de cerdo, con o sin hueso
- sal kosher y pimienta negra recién molida, al gusto
- 2-3 cucharadas de harina para todo uso
- 2 cucharadas de aceite de oliva virgen extra
- 1 lata grande (29 oz) de durazno en mitades o rodajas en almíbar ligero
- 1 lata (8 oz) de salsa de tomate
- 1/4 de vinagre de sidra
- 1/4 taza de azúcar moreno claro u oscuro, envasada
- 1/4 cucharadita de canela molida
- 1/8 cucharadita de clavo molido

## PREPARACIÓN

1. Coloque las chuletas de cerdo sobre una hoja de papel para hornear o papel pergamino. Espolvorea ligeramente ambos lados con sal kosher y pimienta negra recién molida. Espolvorea ligeramente con harina.
2. En una sartén grande y pesada o en la parrilla a fuego medio-alto; agregue aceite de oliva.
3. Cuando el aceite de oliva esté caliente, coloca las chuletas de cerdo en la olla. Freír durante unos 3 minutos por cada lado o hasta que estén bien dorados. Transfiera las chuletas de cerdo al plato de la olla de cocción lenta.

4. Vierta el almíbar de melocotón en un bol y reserve. Coloca los melocotones en las brochetas.
5. En un tazón mediano, combine 1/4 taza de almíbar de durazno con la salsa de tomate, el vinagre, el azúcar moreno, la canela y los clavos. Batir para mezclar bien.
6. Vierta la mezcla de salsa sobre los duraznos y las chuletas de cerdo en la olla de cocción lenta.
7. Cubra y cocine a temperatura BAJA durante 4 a 6 horas o hasta que la carne de cerdo esté tierna y cocida a su gusto (consulte la nota de seguridad alimentaria a continuación).

## variantes

1. Use su salsa barbacoa favorita en la mezcla de salsa y omita la salsa de tomate y los clavos. Obtendrás un agradable sabor ahumado con la salsa barbacoa.
2. Después de que las chuletas de cerdo se hayan dorado, agregue aprox. 1 taza de cebolla y rodajas de pimiento morrón. Saltee hasta que la cebolla se vuelva apenas transparente y agregue las chuletas de cerdo a la olla de cocción lenta junto con los duraznos.

# Cazuela De Pasta Y Espinacas Crockpot

## INGREDIENTES

- 1 paquete (10 oz) de espinacas picadas congeladas
- 1 paquete (8 oz) de fideos de pasta
- 1 kilogramo de carne magra
- 1/2 kg de salchicha italiana
- 1 cebolla, finamente picada
- 2 cucharas. aceite
- 2 latas (8 oz) de salsa de tomate
- 1 cucharadita. sal
- 1 cucharadita. Orégano
- 1/2 taza de parmesano
- 1 taza (4 onzas) de queso Monterey Jack rallado
- 4 cebollas verdes, picadas

## PREPARACIÓN

1. Descongela las espinacas y exprímelas bien. Hervir los fideos en agua hirviendo con sal hasta que estén tiernos. Drenaje. Dorar la carne y la cebolla en aceite hasta que se desmenucen; escurrir el exceso de grasa. Agrega la salsa de tomate, la sal y el orégano. Cubra y cocine a fuego lento durante 30 minutos; agrega las espinacas. Voltee la fuente para hornear después de engrasar el fondo y los lados. Vierta la mitad de los fideos en la olla engrasada. Cubra con la mitad de la mezcla de carne y la mitad del parmesano.
2. Cubra con las capas restantes de pasta, la carne y el queso parmesano. Espolvorea sobre queso Jack y cebollas verdes. Cocer a máxima potencia durante una hora.
3. Puertas 8.

# Estofado De Cerdo En Crockpot

## INGREDIENTES

- 1 1/2 kg de lomo de cerdo deshuesado, cortado en trozos de 1 pulgada
- 3 zanahorias medianas, cortadas en trozos de 1 pulgada
- 1/2 taza de cebolla picada
- 4 tazas de sopa de pollo
- 1 1/2 tazas de papas, cortadas en cubos de 1/2 pulgada
- 1 1/2 tazas de calabaza pelada, cortada en cubos de 1 pulgada
- 1/2 cucharadita de sal
- 1/2 cucharadita de pimienta
- 3 cucharadas de harina para todo uso
- 
3 cucharadas de mantequilla blanda

## PREPARACIÓN

1. Combine todos los ingredientes excepto la harina y la margarina en una cacerola de 4 a 6 cuartos.
2. Tape y cocine a temperatura BAJA durante 8 horas (o a temperatura ALTA durante 4 horas), o hasta que la carne de cerdo ya no esté rosada y las verduras estén tiernas.
3. Combine la harina y la margarina; mezclar hasta homogeneizar. Agrega la mezcla de harina, 1 cucharada a la vez, a la mezcla de carne de cerdo hasta que se combinen.
4. Tape y cocine a fuego alto durante 30 a 45 minutos, revolviendo ocasionalmente, hasta que espese.
5. Puertas 6.

# Cerdo desmenuzado en olla de cocción lenta

## INGREDIENTES

- cerdo asado, aprox. 4 libras

- 2 cebollas medianas, cortadas en rodajas finas

- 1 1/2 tazas de agua

- 1 botella (16 oz) de salsa barbacoa o 2 tazas de salsa casera

- 

1 taza de cebolla picada

## PREPARACIÓN

1. Coloque la mitad de la cebolla en rodajas finas en el fondo de la olla de cocción lenta; agrega la carne de cerdo y el agua, junto con las rodajas de cebolla restantes. Cubra y cocine a temperatura BAJA durante 8 a 10 horas o de 4 a 5 horas a temperatura ALTA. Drene el líquido de la olla de cocción lenta; Picar la carne en trozos grandes y quitar el exceso de grasa. Regrese la carne de cerdo a la olla de cocción lenta. Agrega la salsa barbacoa y la cebolla picada. Cubra y cocine a temperatura BAJA durante otras 4-6 horas. Revuelva de vez en cuando.
2. Sirva con panecillos calientes y ensalada de col.
3. Sirve de 8 a 10 porciones.

# Receta de costillas crockpot

## INGREDIENTES

- 3-4 kilos de costillas

- 1/2 cucharadita de sal

- 1/2 cucharadita de pimienta

- 1 cebolla en rodajas

- 1 botella de 16 oz de salsa barbacoa

## PREPARACIÓN

1. Sazone las costillas con sal y pimienta. Coloca las costillas en la sartén debajo de la parrilla durante 15 minutos para que se doren. Pon la cebolla cortada en rodajas en una olla. Corta las costillas en trozos y colócalas en la olla Crock. Vierta la salsa barbacoa. cubrir; Cocine a fuego lento durante 8-10 horas (máximo 4-5 horas). 3-4 porciones.

# Costillas agridulces rústicas en olla de cocción lenta

## INGREDIENTES

- 1 1/2 a 2 libras de costillas campestres deshuesadas
- 1 cucharadita de cebolla en polvo
- 1/2 cucharadita de caldo de ajo
- sal y pimienta
- .

LLAMADA DE SOCORRO:

- 3 cucharadas de vinagre
- 3 cucharadas de fécula de maíz
- 1/2 taza de azúcar
- 1 cucharada de salsa de soja, un poco de sal
- 1 pimiento morrón grande, cortado en trozos de 1 pulgada

## PREPARACIÓN

1. Coloca las costillas en la olla de cocción lenta; agregue la cebolla en polvo, el ajo en polvo y espolvoree con sal y pimienta. Cubra y cocine a temperatura BAJA durante 5 horas. Escurrir los líquidos. Combine los ingredientes de la salsa o use aproximadamente 1/2 taza de salsa de pimentón agridulce comprada en la tienda; vierta sobre la carne de cerdo. Cubra y cocine por otras 2 a 3 horas. Sirve de 6 a 8 personas.

# Kielbasa cubierta

## INGREDIENTES

- 
1/2 kg de carne magra

- 1 kilogramo de kielbasa o salchicha ahumada, en rodajas aprox. 1/2 pulgada de espesor

- 1 lata (28 oz) de tomates, sin pelar

- 1 1/2 a 2 tazas de judías verdes congeladas

- 1 caja de aceitunas enteras maduras, aprox. 6 gramos, escurridos

- 1/2 vaso de vino tinto seco

- 3 dientes de ajo, finamente picados

- 1 cebolla cortada en rodajas y dividida en aros

- 1 pimiento verde mediano, picado

- 1 cucharadita de hojas secas de albahaca, picadas

- 1 cucharadita de orégano seco, picado

- 1/2 cucharadita de hojas secas de tomillo, picadas

- 1/4 cucharadita de pimienta negra molida

- 1 kilogramo de pasta de tu elección

- 4 gramos de parmesano recién rallado

## PREPARACIÓN

1. Dore la carne molida magra en una sartén mediana. Cuando esté dorado, transfiéralo a una olla de cocción lenta. Agregue todos los demás ingredientes excepto la pasta y el parmesano. Cubra y cocine a temperatura BAJA durante 6-8 horas. Cocine la pasta según las instrucciones. Para servir, sirva la kielbasa sobre la pasta en tazones grandes. Adorne con parmesano.

# Barbacoa De Cerdo Sureña

## INGREDIENTES

- 4 a 5 libras de cerdo asado (cabeza)
- 2 cebollas grandes, cortadas en rodajas
- 4 a 6 dientes enteros
- 2 tazas de agua
- 1 botella (16 oz) de salsa barbacoa de tu elección
- 1 cebolla grande, picada, aproximadamente 1 taza
- sándwiches grandes para compartir, tostados o calentados

## PREPARACIÓN

1. Coloque la mitad de la cebolla en rodajas en el fondo de una olla de cocción lenta. Agrega el filete de cerdo, los clavos y el agua. Agrega la cebolla restante en rodajas. Cubra y cocine de 8 a 12 horas a temperatura BAJA. Retire los huesos y la grasa de la carne. Retire la cebolla, los clavos y el agua. Pica la carne y regrésala a la olla. Agrega la cebolla picada y la salsa barbacoa. Cocine otras 2 1/2 a 4 horas a temperatura BAJA, revolviendo con frecuencia para evitar que se queme.
2. Sirva en sándwiches grandes para compartir.
3. Rinde entre 12 y 16 porciones.

# Olla caliente holandesa

## INGREDIENTES

- 2 kg de cerdo deshuesado, cortado en cubos

- 1/4 taza de harina para todo uso

- 1 cucharada de sal

- 1 cucharadita de hojas secas de tomillo, picadas

- 1 cucharadita de semillas de cilantro trituradas

- 1/4 cucharadita de pimienta negra

- 1 lata (15 onzas) de frijoles pintos, rojos o blancos, con el líquido reservado

- agua hirviendo o sopa de pollo

- 4 papas medianas cortadas en rodajas de 1/4 de pulgada (rojas, blancas redondas, papas nuevas u otra variedad cerosa)

- 4 rodajas de cebolla mediana

- 6 zanahorias cortadas en trozos de 4".

- 2 cucharadas de mantequilla

## PREPARACIÓN

1. Quite la grasa visible de la carne de cerdo. Cubra los cubos de cerdo con harina para cubrirlos bien.
2. Combine sal, tomillo, semillas de cilantro trituradas y pimienta; Libro.
3. Escurre el líquido de los frijoles en una taza medidora de 2 tazas; agregue agua hirviendo para hacer 1-1/2 tazas.
4. Coloca las verduras y los trozos de cerdo en la olla de cocción lenta en el siguiente orden, espolvoreando cada capa con la mezcla de especias: la mitad de las papas, las cebollas, el cerdo, los frijoles y las zanahorias.
5. Repita con el resto de las verduras, la carne de cerdo y la mezcla de especias para formar una segunda capa.
6. Vierta el líquido encima; untado con mantequilla.
7. Tape y cocine a fuego lento durante 8 horas o a fuego alto durante 4 horas o hasta que la carne y las verduras estén tiernas.

# Sándwich De Cerdo A La Parrilla Simple

## INGREDIENTES

- 1 filete de cerdo deshuesado, aprox. 2 1/2 a 3 libras
- 1 taza de cebolla picada
- 1 botella (12 oz.) de tu salsa barbacoa favorita
- 3-4 cucharadas de miel o al gusto
- una pizca de pimiento picante
- sándwiches
- ensalada de repollo, opcional

## PREPARACIÓN

1. Coloque el asado de cerdo en una olla de cocción lenta de 3 1/2 a 5 cuartos ligeramente engrasada.
2. Combine la cebolla, la salsa barbacoa, la miel y las hojuelas de pimiento rojo; vierte sobre el bistec.
3. Cubra y cocine a temperatura BAJA durante 7 a 9 horas.
4. Sirva sobre panecillos, cubierto con ensalada de repollo, si lo desea.

# Asa ligeramente las costillas en la olla eléctrica.

## INGREDIENTES

- costillas 3-4 libras
- una olla grande con agua
- un frasco de salsa barbacoa

## PREPARACIÓN

1. Siempre cocino costillas en la olla. Son simples y deliciosos. Compro un paquete grande de costillas de 3 a 4 libras. Las blanqueo en una olla grande con agua (entre 45 minutos y 1 hora), luego las escurro y coloco las costillas en la olla. Luego vierta una olla de salsa barbacoa encima y cocine a temperatura BAJA durante aproximadamente 8 horas. Aparecen cada vez.

# Parrilla Crockpot Fácil

## INGREDIENTES

- 1 asado de cerdo (paleta, asado, picnic fresco), aprox. 4 libras
- 1 cebolla grande, cortada en rodajas
- 4 a 6 dientes de ajo, picados
- 1 botella (aprox. 16 gramos) de tu salsa barbacoa favorita

## PREPARACIÓN

1. Dorar el cerdo asado en una sartén con un chorrito de aceite. Pela y corta en rodajas 1 cebolla grande. Coloca la mitad de la cebolla en el fondo del plato. Coloca el bistec en una olla y agrega 1/2 taza de agua. Agrega el resto de la cebolla y el ajo. Cubra y cocine a fuego lento durante 9 a 11 horas; Retire la carne y déjela enfriar lo suficiente como para manipularla. Eche la cebolla y el jugo en una olla o olla de cocción lenta. Corta el bistec en trozos pequeños o desmenúzalo con tenedores. Vuelva a colocarlo en la olla y agregue aproximadamente una taza de salsa barbacoa (hasta que esté tan jugosa como desee).
2. Continúe cocinando a temperatura BAJA durante 1 1/2 a 3 horas o hasta que los sabores se hayan mezclado.
3. Acomoda la carne de cerdo picada sobre los panecillos y reserva el resto de la salsa barbacoa.
4. Sirve de 8 a 10 porciones.

# Chuletas de cerdo y papas fáciles en Crockpot

## INGREDIENTES

- 1 caja de papas gratinadas con queso, incluidos los ingredientes necesarios para la preparación
- 3/4 taza de queso cheddar rallado
- 4 a 6 chuletas de cerdo

## PREPARACIÓN

1. Sigue las instrucciones de la caja para cocinar las patatas. Agregue 3/4 taza de queso cheddar fuerte a la mezcla. Transfiera la mezcla de papa a una fuente para horno rociada con spray antiadherente. Coloca las chuletas de cerdo encima de las patatas. Tapar y cocinar durante 6 horas a fuego lento.
2. Llevas 4.

## jamón de paso

## INGREDIENTES

- 
- 3 tazas de jamón cocido cortado en cubitos
- 2 tazas de queso Monterey Jack rallado o mezcla de queso mexicano
- 1 lata (8 oz) de salsa de tomate
- 1 lata (4 onzas) de chiles verdes, sin semillas y picados
- 1 cebolla mediana, finamente picada
- unas gotas de salsa de chile embotellada
- 1 molde de pan de maíz recién horneado, cortado en cubitos

## PREPARACIÓN

1. Combine el jamón cortado en cubitos, el queso, la salsa de tomate, el chile verde, la cebolla y la salsa de chile en una olla. Cubra y cocine a temperatura BAJA durante 2 horas. Divida entre rebanadas de pan de maíz tibio; vierte la mezcla de jamón sobre la mitad inferior, luego cubre con la mitad superior de la rebanada de pan de maíz y más mezcla de jamón. Sirve de 6 a 8 personas.

# Costillas en el cortijo

## INGREDIENTES

- 2 1/2 a 3 libras de costillas de cerdo rústicas y deshuesadas
- 1 cuchara. aceite
- 1 cebolla grande, cortada en cuartos y cortada en rodajas de 1/4 a 1/2 pulgada de grosor
- .
- SOS:
- 1/3 taza de salsa de soja baja en sodio
- 1/2 taza de salsa de tomate
- 1 cuchara. mostaza preparada
- 3 cucharas. azúcar morena
- 2 dientes de ajo, finamente picados
- Una pizca de pimienta negra
- 2 cucharas. vinagre de manzana
- 
1 cucharadita de semilla de apio

## PREPARACIÓN

1. Quite el exceso de grasa de las costillas. Dorar las costillas en aceite en una sartén grande; transfiéralo a la olla de cocción lenta. Coloca las rodajas de cebolla sobre la carne ensartada. Combine todos los ingredientes restantes; vierta sobre las costillas y las cebollas. Tapar y cocinar a fuego lento durante 8-10 horas.
2. Puertas 6.

# Costillas de cerdo con fruta

## INGREDIENTES

- 4 chuletas de cerdo deshuesadas o deshuesadas, aprox. 3/4 a 1 pulgada de espesor
- 1/2 cucharadita de sal
- 1 pizca de pimienta
- 1 cucharada de mostaza preparada
- 2 cucharadas de vinagre de vino
- 1/8 de cucharadita de tomillo o estragón seco
- 1 lata (17 oz) de cóctel de frutas, escurrido y con almíbar reservado
- 2 cucharadas de almidón de maíz
- 2 cucharadas de agua fría
- arroz hervido para 4

## PREPARACIÓN

1. Espolvorea las chuletas de cerdo con sal y pimienta. Colóquelo en una olla de cocción lenta o en una olla eléctrica. Combina la mostaza, el vinagre y el tomillo o estragón. Escurrir el cóctel de frutas; agregue 1/2 taza de almíbar de frutas a la mezcla de mostaza. Vierta sobre las chuletas de cerdo crockpot. Tape y cocine a temperatura BAJA durante 5 a 7 horas o hasta que la carne de cerdo esté tierna.
2. Retire las chuletas de cerdo y manténgalas calientes; Gire la olla a temperatura ALTA. Disuelva la maicena en agua; mezclar en la olla. Agrega el cóctel de frutas escurrido; tape y cocine a fuego alto durante unos 20 minutos.
3. Vierta la salsa de frutas sobre la chuleta y sirva sobre arroz.

## Jamón glaseado en bolsa

## INGREDIENTES

- 1 jamón en conserva, 5 libras
- 1/4 taza de mermelada
- 1 cucharada colmada de mostaza estilo Dijon o mostaza picante y atrevida
- 

1 bolsa grande para hornear

## PREPARACIÓN

1. Retire el jamón de la lata y enjuague la gelatina que se haya adherido a la carne. Coloca el jamón en la bolsa de cocción. Unta la parte superior del jamón con una mezcla de mermelada y mostaza. Sella la bolsa ziplock. Coloque la bolsa en la olla de cocción lenta, luego haga 4 agujeros en la parte superior para que escape el vapor. Cubra y cocine a temperatura BAJA durante 6-8 horas.
2. Sirve el jamón con la salsa de mermelada.

# Pimientos verdes fritos

## INGREDIENTES

- 1 filete de cerdo mediano

- 2 latas (4 onzas cada una) de chiles verdes, picados

- 2 latas (14,5 gramos cada una) de tomates cortados en cubitos

- 1 taza de cebolla picada

- 1/2 - 1 lata pequeña (4 oz) de jalapeños picantes cortados en cubitos (opcional)

- Sal y pimienta para probar

## PREPARACIÓN

1. Cubra el bistec con agua en la olla de cocción lenta/Crock Pot y déjelo cocinar a fuego lento durante la noche o aprox. 8 horas. Déjalo enfriar. Retire la carne del hueso y córtela en trozos más pequeños. Agrega la carne picada, los tomates, la guindilla y la cebolla al caldo. Agregue aproximadamente 2 cucharaditas de sal y 1/2 cucharadita de pimienta. Déjalo cocinar por otras 8 horas. Se diluye con harina y agua.
2. Déjalo reposar toda la noche en el frigorífico. Sirve al día siguiente solo, con tortillas o encima de burritos.

# Lomo de cerdo "verde".

## INGREDIENTES

- 2 libras de costillas deshuesadas o lomo de cerdo, despuntadas y cortadas en cubos muy pequeños
- sal y pimienta
- 1/4 taza de harina
- 2 cucharadas de aceite de oliva
- 1 1/2 tazas de apio cortado en cubitos
- 1 taza de cebolla picada
- 2 dientes de ajo, finamente picados
- 2 tazas de sopa de pollo
- 3 a 6 cucharadas de aros de jalapeño escurridos o pimiento morrón triturado
- 1 taza de zanahorias cortadas en juliana
- 2 papas medianas, cortadas en cubitos
- 1 kilogramo de tomates, sin piel, lavados y cortados en cubitos
- 2 latas (14,5 gramos cada una) de tomates cortados en cubitos
- 1 cucharada de comino molido
- 2 cucharaditas de chile en polvo
- una pizca de orégano seco
- salsa picante, al gusto
- Sal y pimienta para probar

- cilantro fresco picado, opcional

## PREPARACIÓN

1. Espolvorea ligeramente los cubos de cerdo con sal y pimienta; mezcle la harina. Calienta 2 cucharadas de aceite de oliva en una sartén grande; agregue la carne de cerdo y saltee, revolviendo, hasta que esté bien dorada; transfiera a una olla de cocción lenta de 5 a 6 cuartos. En la misma sartén, añadiendo un poco más de aceite si es necesario, sofreímos el apio y la cebolla hasta que estén tiernos. Agregue el ajo, el caldo de pollo y el jalapeño o pimentón, revolviendo y raspando los trozos dorados del fondo de la sartén.
2. Poner a un lado.
3. Mientras tanto, añade las zanahorias, las patatas y los tomates a la olla de cocción lenta. Vierta sobre los tomates, luego agregue la mezcla de cebolla y apio de la sartén. Revuelva para combinar los ingredientes. Tape y cocine a temperatura alta durante 3 horas o a temperatura baja durante 6 horas. Agrega especias. Cocine de 1 a 2 horas más en ALTO o aproximadamente de 2 a 3 horas más en BAJO. Prueba y ajusta el sazón. Sirva con una pizca de cilantro, si lo desea, y pan de maíz tibio.
4. Sirve de 6 a 8 personas.

# albóndigas de jamón

## INGREDIENTES

- 2 kilos de jamón molido
- 1 taza de galletas
- 2 huevos
- Punta de cuchillo de sal
- 
- 

LLAMADA DE SOCORRO:

- 1 taza de azúcar moreno por paquete
- 1/2 taza de vinagre
- 1 cuchara. mostaza preparada
- 1 taza de agua tibia

## PREPARACIÓN

1. Mezcla los primeros cuatro ingredientes y forma bolitas; colocar en una olla de cocción lenta.
2. Vierte la salsa sobre las tortas de jamón; cubra y cocine de 2 a 3 horas a temperatura alta o de 4 a 6 horas a temperatura baja. Sirve de 8 a 10 porciones.

# Cazuela con jamón moreno y queso

## INGREDIENTES

- 32 onzas de croquetas de patata sureñas congeladas, descongeladas
- 1 lata (aproximadamente 10 ½ gramos) de sopa de queso cheddar condensado, sin diluir
- 1 lata (aproximadamente 10 ½ onzas) de crema de apio condensada, sin diluir
- 8 gramos de crema ligera
- 1 manojo (aprox. 8) de cebollas verdes, limpias y cortadas en rodajas finas
- 1 frasco (2 onzas) de pimientos morrones cortados en cubitos, escurridos
- 8 a 12 gramos de jamón cocido, cortado en cubitos
- 1 cucharadita de especias criollas o cajún
- 1/4 cucharadita de pimienta negra molida
- 2 cucharadas de mantequilla derretida

## PREPARACIÓN

1. Combine todos los ingredientes en la olla de cocción lenta; revuelva suavemente para combinar.

2. Cubra y cocine a temperatura BAJA durante 5-6 horas.
3. Puertas 8.

# Jamón a la sidra

## INGREDIENTES

- 1 jamón completamente cocido, aprox. 5 libras, lo suficientemente pequeño como para caber en una olla de cocción lenta
- 4 tazas de jugo de manzana o sidra, para cubrir
- 8 a 10 dientes enteros
- Esmalte
- 2 cucharaditas de mostaza seca
- 1 taza de azúcar moreno densamente compactado
- 1 cucharadita de clavo molido
- 2 tazas de pasas doradas sin semillas

## PREPARACIÓN

1. Poner el jamón en una olla con el jugo de manzana para cubrir y los clavos; tape y cocine a temperatura BAJA durante 10 a 12 horas. Antes de servir, retira el jamón y reserva. Precalienta el horno a 375°. Hacer una pasta con mostaza, clavo y una cucharada pequeña de sidra caliente. Retire la piel exterior del jamón (si corresponde). Unte el jamón con la pasta. Se pone en una cacerola. Vierta 1 taza de sidra caliente y agregue las pasas.
2. Hornee en el horno precalentado durante 30 minutos, o hasta que la masa se haya convertido en un glaseado. La sidra se reducirá lo suficiente como para hacer una sabrosa salsa de pasas para el jamón.

## Jamón En La Crockpot

## INGREDIENTES

- 2 1/2 tazas de jamón cortado en cubitos
- 8 papas medianas, en rodajas
- Sal y pimienta
- 2 cebollas pequeñas, cortadas en rodajas
- 1 pimiento verde en rodajas
- 1 lata (10 1/2 onzas) de sopa de queso cheddar

## PREPARACIÓN

1. En una olla prepara el jamón, las patatas, la sal y la pimienta, la cebolla cortada en rodajas y el pimiento verde. En un tazón, combine 1 lata de sopa de queso cheddar, 2 cucharadas de agua y un chorrito de mostaza preparada; llueve por todas partes. Cocine a fuego lento durante 7 a 9 horas, hasta que las patatas estén tiernas.
2. Puertas 6.

# Croquetas de jamón y patatas fritas

## INGREDIENTES

- 1 paquete grande de papas fritas congeladas (32 oz)
- 1 lata (10 3/4 onzas) de crema de champiñones condensada
- 2 tazas de queso cheddar rallado
- 1 (10 3/4) lata de sopa de queso cheddar condensado
- 1 o 2 tazas de guisantes congelados
- 1 taza de leche
- 1 lata de jamón, corned beef o Spam, cortado en cubitos, aprox. 1 a 2 tazas
- sal y pimienta

## PREPARACIÓN

1. Mezcla todos los ingredientes en una olla de cocción lenta y sazona con sal y pimienta. Tape y cocine a temperatura alta durante 4 horas o a temperatura baja durante 8 horas.
2. Sirve de 6 a 8 personas.

# Cazuela De Fideos Con Jamón

## INGREDIENTES

- 1 taza de fideos crudos
- aceite vegetal
- 1 taza de jamón cocido cortado en cubitos
- 1 lata (10 3/4 onzas) de crema de pollo condensada
- 1 lata (12 a 16 gramos) de maíz entero, escurrido
- 1 cucharada de pimiento rojo molido
- 3/4 taza de queso cheddar rallado
- 1/4 taza de pimiento verde picado
- un molinillo de pimienta negra o al gusto

## PREPARACIÓN

1. Cocine los fideos en agua hirviendo con sal según las instrucciones del paquete hasta que estén tiernos, aprox. 5 a 6 minutos. Escurrir y mezclar los fideos cocidos con 2 a 3 cucharaditas de aceite vegetal, suficiente para darles sabor. Agrega la pasta, el jamón, la crema de pollo, el maíz, las hojuelas de pimiento rojo, el queso, la pimienta molida y el pimiento verde a la olla untada con mantequilla; revuelva suavemente para combinar. Cubra y cocine a temperatura BAJA durante 6-7 horas. Prueba y ajusta el sazón.
2. Se sirve de 3 a 4.

# Jamón de patata y queso parmesano

## INGREDIENTES

- 4 a 6 papas medianas, cortadas en cubos de 1/2 pulgada (aproximadamente 6 tazas)
- 1 cebolla grande, picada en trozos grandes
- 1 filete de jamón (aproximadamente 3/4 de libra), cortado en cubitos
- Pimienta al gusto
- 1/2 cucharadita de hojuelas de perejil seco
- 1/2 cucharadita de semilla de apio
- 3/4 taza de parmesano fresco, rallado
- 1 paquete (1 1/4 onza) de mezcla de salsa campestre
- 1/2 taza de agua
- 1/4 taza de leche evaporada

## PREPARACIÓN

1. Coloque las papas, las cebollas y el jamón en cada capa, espolvoree con los aderezos, el queso rallado y la salsa. Agrega agua; cubra y cocine durante aproximadamente 7 a 9 horas a temperatura baja o 4 a 5 horas a temperatura alta. Agrega con cuidado la leche evaporada y sirve.
2. Llevas 4.

# Flan de jamón y verduras

## INGREDIENTES

- 4 a 6 papas, cortadas en rodajas aprox. 1/4 de pulgada (aproximadamente 5 tazas en rodajas)

- 1 a 1 1/2 tazas de zanahorias pequeñas

- 3 palitos de apio en rodajas

- 1/2 taza de cebolla picada

- 2 cucharadas de semillas de comino, opcional

- Sal y pimienta para probar

- 1 o 2 filetes de jamón ahumado preparados, cortados en porciones (alrededor de 2 libras)

- 1 lata (10 oz) de crema de apio 98% sin grasa

- 1/2 taza de crema ligera

## PREPARACIÓN

1. Coloque las verduras en capas, espolvoree con comino, sal y pimienta; cosas con jamon. Distribuya la sopa uniformemente sobre el jamón. Tapar y cocinar a fuego lento durante 7-9 horas. Unos 20-30 minutos antes de servir, añade la nata y mezcla suavemente; Continúe cocinando a fuego lento durante 20-30 minutos.
2. Sirve de 6 a 8 personas.

# Jamón en salsa de durazno

## INGREDIENTES

- 2 zanahorias, en rodajas finas
- 2 cebollas medianas, rebanadas
- 2 tallos de apio, cortados en cubitos
- jamón deshuesado completamente cocido, 4 a 5 libras
- 1 vaso de vino blanco seco
- 2 latas de jarabe de durazno, 16 oz
- 3 cucharadas de maicena
- 3 cucharadas de jugo de limón
- 1 cucharada de mantequilla

## PREPARACIÓN

1. Pon las zanahorias, la cebolla y el apio en una olla. Coloque el jamón encima de las verduras; vierte el vino sobre el jamón. Tapar y cocinar a fuego lento durante 6-7 horas. Escurrir los melocotones reservando el almíbar. Mezclar la maicena y el almíbar en una cacerola. Cocine, revolviendo continuamente, hasta que el almíbar esté espeso y claro. Agrega las mitades de durazno, el jugo de limón y la mantequilla. Cocine hasta que esté completamente caliente. Retirar el jamón, colocarlo en un plato. No cortar hasta que el jamón esté frío. Vierta los duraznos y la salsa sobre la cobertura y mezcle con las verduras.
2. Sirve la salsa tibia de durazno sobre el jamón.

# Tetrazzini con jamón

## INGREDIENTES

- 1 lata de crema condensada de champiñones (10 3/4 oz)
- 1/2 taza de leche evaporada o leche escaldada
- 1/2 taza de parmesano rallado
- 1 1/2 tazas de jamón cocido cortado en cubitos
- 1/2 taza de aceitunas rellenas, en rodajas (opcional)
- 1 lata (4 onzas) de champiñones rebanados, escurridos, o de 4 a 6 onzas de champiñones frescos salteados
- 1/4 taza de jerez seco o vino blanco
- 1 paquete de espaguetis (5 oz)
- 2 cucharadas de mantequilla, derretida
- Parmigiano Reggiano, rallado, para decorar
- perejil picado, para decorar, opcional

## PREPARACIÓN

1. Combine todos los ingredientes excepto los espaguetis y la mantequilla en una olla de cocción lenta de 3 1/2 a 4 cuartos. Tapar y cocinar a fuego lento durante 6-8 horas. Justo antes de servir, cocine los espaguetis según las instrucciones del paquete; escurrir y mezclar con mantequilla derretida. Agrega los espaguetis a la olla de cocción lenta. Antes de servir, espolvorea con parmesano y perejil.
2. Llevas 4.
3. Duplique los ingredientes para una olla de 5 a 6 cuartos y cocine por el mismo tiempo.

## feliz cumpleaños cerdo

## INGREDIENTES

- Asado de cerdo deshuesado, aprox. 3 libras
- 1 kg de salchicha ahumada
- Knockwurst de 1 kilogramo
- 1 kilogramo de chucrut envasado o enlatado, enjuagado y escurrido
- 1/2 taza de azúcar moreno
- 1 cucharada de semillas de hinojo, comino o anís
-

3 cucharadas de mostaza preparada

## PREPARACIÓN

1. Pon la carne de cerdo y la salchicha en una olla. En un tazón, combine los ingredientes restantes y vierta sobre la carne de cerdo y la salchicha. Cubra y cocine a temperatura BAJA durante 8 a 10 horas.
2. Nota de Eva:
3. Servimos esta comida con puré de patatas, judías verdes y pan casero con huevos. Resulta muy tierno y delicioso. También me gusta untar mi chucrut sobre puré de patatas.

# Asado de cerdo hawaiano

## INGREDIENTES

- 1 paleta de cerdo deshuesada (3-4 libras)
- 4 cucharaditas de humo líquido
- 4 cucharaditas de salsa de soja
- 2 plátanos maduros, pelados
- 1/2 taza de agua

## PREPARACIÓN

1. Coloque el asado de cerdo sobre un trozo de papel de aluminio resistente de 22 "x 18". Combine el humo líquido y la salsa de soja; espolvorear sobre el bistec. Pela los plátanos y coloca uno a cada lado del asado de cerdo. Coloque los lados del papel de aluminio alrededor del asado de cerdo; agregar agua y sellar bien la película; envolver nuevamente con otra hoja grande. Colóquelo en una cacerola o tazón poco profundo; Métalo en el frigorífico durante la noche y dale la vuelta varias veces.
2. Coloque el bistec envuelto en papel de aluminio en una olla; hervir durante 8-10 horas. Escurrir y desechar los plátanos y el jugo. Triture la carne con un tenedor para servir.

# Frijoles duros con bistec y salchicha

## INGREDIENTES

- 2 latas (28 oz cada una) de cerdo y frijoles
- 2 latas de frijoles pintos o frijoles rojos, escurridos y enjuagados
- 1 kilogramo de carne magra de res, lomo o lomo picada
- 1 kilogramo de chorizo de cerdo suelto
- 1 cebolla dulce mediana, picada
- 1 pimiento rojo mediano, picado
- 2 dientes de ajo, finamente picados
- 1 caja (4 gramos) de chiles verdes dulces triturados
- 2 a 4 cucharadas de aros de jalapeño escurridos, picados o al gusto, opcional
- 1/2 cucharadita de sal
- 1/2 cucharadita de condimento picante, como el condimento cajún o criollo
- 1 taza de salsa barbacoa, tu favorita

## PREPARACIÓN

1. Vierta los frijoles en una olla de cocción lenta de 5 a 6 cuartos.
2. Dorar las salchichas de ternera y cerdo en una sartén grande, partiéndolas con una espátula hasta que ya no estén rosadas. Escurrir bien y añadir los frijoles. En la misma sartén, en un poco de aceite, sofreír la cebolla a fuego medio hasta que se dore. Agrega el pimiento rojo y el ajo; cocine, revolviendo, durante 1 minuto más. Combina las verduras

con los frijoles. Agregue el chile, los jalapeños, la sal, las especias y la salsa BBQ.
3. Revuelva para mezclar. Tape y cocine a temperatura alta durante 3 a 4 horas o a temperatura baja durante 6 a 8 horas.
4. Sirve de 6 a 8 personas.

# Holly es la Kielbasi más fácil de todos los tiempos.

## INGREDIENTES

- 
3 kilogramos de kielbasa

- 1 bolsa de repollo encurtido, escurrido y enjuagado

- 1 olla mediana de puré de manzana (no use el estilo de sabor)

- 1 12 onzas. lata o botella de cerveza

## PREPARACIÓN

1. Agrega el chucrut y el puré de manzana; poner en el fondo del bol. Corta la kielbasa en trozos grandes y colócalos encima del chucrut. Vierta cerveza por todas partes. Tape y cocine a fuego lento durante 7 a 8 horas o a fuego alto durante 3 1/2 a 4 horas. Si estás en casa mientras se prepara este plato, no dudes en revolverlo de vez en cuando. Lo sirvo en panecillos largos y duros con ensalada mixta.

# Costillas De Miel Y Chipotle

## INGREDIENTES

- 2 costillas de costillas, cortadas en 2 o 3 porciones de costillas
- Sal y pimienta
- 1 1/2 tazas de salsa de tomate
- 1/3 taza de miel
- 1/4 taza de cebolla picada
- 1 1/2 cucharadas de salsa Chipotle Tabasco, o al gusto
- 1 cucharada de salsa inglesa
- 2 cucharaditas de chile en polvo
- 1 cucharada de mostaza preparada
- 2 cucharadas de vinagre de sidra
- 1/2 cucharadita de ajo en polvo
- 1/2 cucharadita de sal
- 1/4 cucharadita de pimienta negra molida

## PREPARACIÓN

1. Precalienta el horno a 375°.
2. Cubra una bandeja para hornear grande (con lados) con papel de aluminio resistente. Coloque los lados de las costillas con las costillas hacia abajo en la bandeja para hornear. Cocine por 1 hora.
3. Combine los ingredientes restantes en un procesador de alimentos o licuadora; procese hasta que quede suave.
4. Transfiera las costillas a la olla de cocción lenta; cubra con cebolla y vierta la salsa barbacoa chipotle encima. Cocine a temperatura BAJA durante 8-10 horas o ALTA durante aprox. 4-5 horas.
5. Llevas 4.

# Solomillo De Cerdo Con Miel De Dijon

## INGREDIENTES

- 2 lomos de cerdo de aproximadamente 1 kg cada uno
- sal y pimienta
- 1 diente de ajo pequeño, finamente picado
- 4 cucharadas de mostaza Dijon granulada o rústica
- 2 cucharadas de miel
- 2 cucharadas de azúcar moreno
- 1 cucharada de vinagre de sidra o vinagre balsámico
- 1/2 cucharadita de hojas secas de tomillo, picadas
- 1 cucharada de almidón de maíz
- 1 cucharada de agua fría

## PREPARACIÓN

1. Lavar y limpiar el cerdo y secarlo; espolvoree ligeramente con sal y pimienta. Coloca la carne de cerdo en la olla de cocción lenta. Combine ajo, mostaza, miel, azúcar morena, vinagre y tomillo; vierta sobre la carne de cerdo. Voltee la carne de cerdo para que se cubra bien. Tape y cocine a temperatura BAJA durante 7 a 9 horas o ALTA durante 3 1/2 a 4 1/2 horas.
2. Transfiera la carne de cerdo a un plato, cúbrala con papel de aluminio y manténgala caliente. Vierte el jugo en una cacerola y deja hervir a fuego medio.
3. Cocine a fuego lento durante 8 a 10 minutos o hasta que se reduzca aproximadamente un tercio. Combine la maicena y el agua fría; mezclar con el jugo reducido y cocinar por 1 minuto más. Sirve la carne de cerdo en rodajas con los jugos espesados.
4. Puertas 6.

# Jamón Glaseado en Miel

## INGREDIENTES

- 3-4 kilogramos de jamón cocido deshuesado 3
- 1 lata de Sprite o 7-Up (12 oz)
- 1/4 taza de miel
- 1/2 cucharadita de mostaza seca
- 1/2 cucharadita de clavo molido
- 
1/4 cucharadita de canela molida

## PREPARACIÓN

1. Coloca el jamón y el refresco en la olla de cocción lenta. Tape y cocine a temperatura BAJA de 6 a 8 horas (de 3 a 4 horas a temperatura ALTA). Aproximadamente 30 minutos antes de servir, combine la miel y las especias y agregue 3 cucharadas de la grasa del fondo de la olla de cocción lenta o de crack.
2. Unta el glaseado sobre el jamón y continúa cocinando. Deja reposar el jamón durante 15 minutos antes de cortarlo.
3. Atiende entre 12:00 y 16:00

# Costillas glaseadas con miel

## INGREDIENTES

- Quedan 2 kilos de costillas
- 1 lata (10 1/2 onzas) de caldo de res condensado
- 1/2 taza de agua
- 2 cucharadas de jarabe de arce
- 2 cucharadas de miel
- 3 cucharadas de salsa de soja (baja en sodio)
- 2 cucharadas de salsa barbacoa
- 1/2 cucharadita de mostaza seca

# PREPARACIÓN

1. Coloque las costillas de cerdo sobre una rejilla y ase durante 15 minutos. Escurrir bien. Corta las costillas en trozos grandes. Combine los ingredientes restantes en una olla de cocción lenta o en una olla eléctrica; Revuelva bien. Agrega las costillas; tape y cocine a fuego lento durante 8 a 10 horas o a fuego alto durante 4 a 5 horas.
2. Llevas 4.

# Jamón con miel y verduras

## INGREDIENTES

- 
- 3 kilos de jamón entero cocido
- 4 a 6 batatas medianas, con piel y partidas por la mitad
- 1 manojo de zanahorias
- 1 taza de cerveza de jengibre
- .

Esmalte:

- 1/2 taza de miel de abeja
- 1/4 cucharadita de canela molida
- 1/4 cucharadita de clavo molido
- 1/2 cucharadita de mostaza seca

## PREPARACIÓN

1. Pelar y pelar los boniatos. Separado en dos. Pele las zanahorias y córtelas en diagonal en trozos de 2 pulgadas. Coloca las verduras en el fondo del plato, coloca el jamón

encima y vierte la cerveza de jengibre encima. Tape y cocine a temperatura BAJA durante aprox. 8 horas, o hasta que las verduras estén tiernas. Mezcle aproximadamente 2 cucharadas del líquido de la olla con los ingredientes del glaseado en una taza medidora untada con mantequilla y vierta sobre el jamón. Continúe cocinando a temperatura BAJA durante 1 a 2 horas, rociando con frecuencia.
2. Cortar el jamón en rodajas finas y servir con verduras.

# Solomillo de cerdo con mostaza y miel

## INGREDIENTES

- 1 cebolla mediana, partida por la mitad, en rodajas de 1/4 de pulgada de grosor
- 1 1/2 a 2 libras de lomo de cerdo, 2 lomos
- 1/4 taza de mezcla de mostaza y miel de Dijon
- 2 cucharadas de vinagre balsámico
- 1 cucharada de azúcar moreno
- 1/4 cucharadita de hojas secas de tomillo
- Una pizca de ajo en polvo, opcional
- Sal y pimienta

## PREPARACIÓN

1. Coloque las rodajas de cebolla en el fondo de una olla de cocción lenta de 4 a 6 cuartos. Retira el exceso de grasa de

los lomos de cerdo y córtalos por la mitad en forma transversal.
2. Combine la mostaza, el vinagre, el azúcar moreno, el tomillo y el ajo en polvo en un tazón pequeño, si lo usa. Presionar el lomo de cerdo con la mezcla y poner encima la cebolla.
Vierta el resto de la mezcla de miel y mostaza sobre la carne de cerdo.
3. Corta los calabacines en rodajas gruesas (de 1/2 a 1 pulgada de grosor) y colócalas encima de la carne de cerdo.
4. Espolvoree sal y pimienta.
5. Tape y cocine a temperatura BAJA durante 6 horas o a temperatura ALTA durante 3 horas.
6. Si es posible, rocíe con salsa a mitad de la cocción.
7. 4 a 6 porciones.

# Wraps de salchicha y tocino

## INGREDIENTES

- 2 kilogramos de salchichas
- 20 rebanadas de tocino
- 2 tazas de azúcar moreno claro, por paquete
- 1/2 cucharadita de mostaza molida
- 1/2 cucharadita de ajo en polvo
- 2 cucharaditas de chile en polvo

## PREPARACIÓN

1. Corta la salchicha por la mitad en forma transversal. Corta las rebanadas de tocino por la mitad en forma transversal. Combine el azúcar morena, la mostaza, el ajo en polvo y el chile en polvo en un tazón.
2. Envuelve cada trozo de salchicha en una rebanada de tocino; asegúrelo con palillos de dientes. Coloca una capa de rollitos de salchicha en una olla. Espolvorea aproximadamente 1/3 de la mezcla de azúcar morena sobre la capa. Repite, haciendo 2 capas más y termina con la mezcla de azúcar moreno. Tape y cocine a fuego alto durante 4 horas, revolviendo suavemente unas cuantas veces.
3. Gire a BAJA para servir.
4. Para 40 inicio.

# Sándwiches calientes de jamón y espárragos

## INGREDIENTES

- 1/2 kg de jamón, picado

- 1 manojo de espárragos, limpios y picados
- 1 lata de crema condensada de espárragos
- 8 gramos de queso Gouda ahumado, cortado en cubitos
- 4 cebollas verdes (cebolletas verdes), en rodajas
- 1/4 taza de pimiento rojo dulce o pimiento rojo molido

## PREPARACIÓN

1. Combine el jamón, los espárragos y todos los demás ingredientes en la olla/olla de cocción lenta. Cubra y cocine a temperatura BAJA durante 3 a 4 horas. Se sirve caliente sobre croissants o pan tostado.
2. Llevas 4.

# Chuletas de cerdo picantes y picantes

## INGREDIENTES

- 

2 tallos de apio, rebanados

- 

1 taza de cebolla picada

- 6 a 8 chuletas de cerdo deshuesadas, de 3/4 a 1 pulgada de grosor
- 1 pimiento verde, cortado en tiras
- 1 pimiento rojo, cortado en tiras
- 1/2 cucharadita de pimienta negra molida gruesa o pimiento picante
- 1/4 cucharadita de pimienta de cayena, opcional
- 2 tazas de jugo de vegetales picante V-8 o V-8 y 1/4 cucharadita de pimienta de cayena
- 2 cucharadas de almidón de maíz, mezcladas con 2 cucharadas de agua fría

## PREPARACIÓN

1. Pon el apio y la cebolla picada en una olla. Quite el exceso de grasa de las chuletas de cerdo; agregue a la olla de cocción lenta. Espolvorea las tiras de pimiento alrededor y entre las chuletas de cerdo. Vierta jugo V-8 por todas partes. Cubra y cocine a temperatura BAJA durante 6 horas. Con una espumadera, transfiera las costillas de cerdo y las verduras a una fuente para servir; mantener caliente
2. Cuela el jugo restante en una taza medidora; desengrasa la grasa. Mide 2 tazas de líquido en una cacerola. Agregue la mezcla de maicena y agua.
3. Cocine, revolviendo, a fuego medio hasta que espese y burbujee. Continúe cocinando por otros 2 minutos, revolviendo con frecuencia. Sirva las costillas de cerdo con verduras y la salsa picante.
4. Sirve de 6 a 8 personas.

## encantos húngaros

## INGREDIENTES

- 1 cabeza de repollo grande con el corazón
- agua hirviendo para cubrir el corazón del repollo
- 1/2 kg de carne de cerdo molida
- 1 kilogramo de carne magra
- 1/4 taza de cebolla picada
- 1 taza de arroz
- 1 huevo batido
- 1 cucharada de sal
- 1/2 cucharadita de pimienta
- 1 cucharada de pimentón
- 2 tazas de repollo encurtido, enjuagado y escurrido
- 2 tazas de jugo de tomate
- 1 taza de agua
- 1 taza de crema

# PREPARACIÓN

1. Coloque la col en un tazón grande; vierta agua hirviendo hasta cubrir. Dejar actuar unos 5 minutos o hasta que el repollo se haya marchitado. Escurrir y retirar con cuidado las hojas enteras. Corta el tallo pesado y aplana ligeramente las hojas.
2. Mezclar la carne picada, la cebolla picada, el arroz, el huevo, la sal, la pimienta y el pimentón. Coloque aproximadamente 2 cucharadas de esta mezcla de carne y arroz en cada hoja de repollo; doblar hacia los lados y enrollar.
3. Si lo desea, asegure los rollos con un palillo. Coloque los panecillos con la costura hacia abajo en la olla de cocción lenta.
4. Extienda la col encurtida sobre los rollitos y agregue el jugo de tomate y el agua.
5. Cocine a fuego lento, tapado, durante 6-8 horas.
6. Retire los sarmales a un plato caliente.
7. Mezcla 1/2 taza de caldo con crema; se vierte sobre los sarmales.

# Repollo del cazador

## INGREDIENTES

- 1 col rizada (aproximadamente 1 3/4 libras)
- 1 cebolla grande
- 1 taza de tocino crudo cortado en cubitos
- 1 taza de carne molida o finamente picada
- 1 taza de carne de cerdo molida o finamente picada
- 1 1/2 cucharaditas de sal
- 1 1/2 cucharadita de pimienta negra molida
- 3 tazas de papas rojas rebanadas y cortadas en cubitos, de aproximadamente 1/4 de pulgada de grosor
- 1 taza de caldo de res

## PREPARACIÓN

1. Lavar la col y picarla. Limpiar la cebolla y picarla finamente. En una sartén grande o en una olla, cocine el tocino hasta que espese. Añade la cebolla y saltea hasta que se ablande. Agrega la carne de res, cerdo, sal y pimienta y continúa cocinando hasta que la carne ya no esté rosada. Agrega el repollo, las patatas y el caldo de res. Tape y cocine a fuego lento hasta que las papas estén tiernas; unos 30 minutos.
2. 4 a 6 porciones.

# Estofado húngaro

## INGREDIENTES

- 2 rebanadas de tocino, cortado en cubitos

- 1 taza de cebolla picada

- 1 1/2 a 2 libras de carne de cerdo magra, cortada en cubos de 1 pulgada (o una mezcla de carne de cerdo y carne de res)

- 2 cucharadas de pimentón dulce húngaro

- 1/2 cucharadita de semillas de comino

- 1/2 vaso de vino blanco seco

- 4 papas rojas medianas, cortadas en cubos de 1 pulgada

- 1 pimiento verde grande, cortado en trozos de 1 pulgada

- 1/2 taza de caldo de pollo

- 1 1/2 tazas de repollo encurtido, enjuagado y prensado

- 1 tomate grande cortado en cubitos

- 8 gramos de crema ligera

- Sal y pimienta para probar

## PREPARACIÓN

1. Fríe el tocino y la cebolla a fuego medio en una sartén grande, revolviendo, hasta que el tocino esté crujiente.
2. Coloque la carne de cerdo (y la carne de res, si la usa) en Crock Pot con pimentón, comino, vino, papas, pimentón, caldo y chucrut. Agrega el tocino y la cebolla y mezcla bien.
3. Tape y cocine a fuego lento durante 8 a 10 horas.
4. Unos 15-20 minutos antes del final, agregue los tomates cortados en cubitos y la nata. Servir caliente.
5. Para unas 6 porciones.

## cerdo indonesio

## INGREDIENTES

- 1 filete de cerdo deshuesado, aprox. 3-4 libras más o menos
- Sal y pimienta para probar
- 1 taza de agua tibia
- 1/4 taza de melaza
- 1/4 taza de mostaza preparada
- 1/4 taza de vinagre
- 1/4 taza de mermelada
- 1 cucharadita de cáscara de naranja o limón rallada
-

1/4 cucharadita de jengibre molido

## PREPARACIÓN

1. Coloque una rejilla o base de metal en el fondo de la olla o olla de cocción lenta. O haga un "soporte" con tiras de papel de aluminio arrugadas.
2. Espolvorea el filete de cerdo con sal y pimienta negra recién molida; sentado en el estrado. Vierta agua caliente alrededor del asado de cerdo.
3. Cubra y cocine a temperatura BAJA durante 5 a 7 horas o hasta que la carne de cerdo registre al menos 145 °F en un

termómetro para alimentos de lectura instantánea insertado en la parte más gruesa del asado.
4. Transfiera el bistec a una parrilla o rejilla.
5. Precalienta el horno a 400°F.
6. Combine los ingredientes restantes en una cacerola y revuelva para combinar. Calienta hasta que la mezcla comience a hervir.
7. Unte un poco de la mezcla de glaseado sobre el bistec y colóquelo en el horno. Ase la carne de cerdo durante 30 a 45 minutos, untándola con frecuencia con la salsa.
8. Para 6-8 porciones.

# El cerdo de la isla.

## INGREDIENTES

- 3 libras de cerdo asado deshuesado
- 5 a 6 dientes enteros
- 1/2 cucharadita de nuez moscada
- 1/4 cucharadita de pimentón
- 1/4 taza de salsa de tomate
- 2 cucharadas de jugo de naranja
- 2 cucharadas de miel
- 1 cucharada de salsa de soja
- 2 cucharaditas de jugo de limón
- 1/2 cucharadita de bouquet de cocina (potenciador de salsa)

## PREPARACIÓN

1. Carne de semental con clavo. Coloque el bistec en la olla de cocción lenta; espolvorear con pimentón y nuez moscada. Mezclar los demás ingredientes y verter sobre el bistec. Tape y cocine a fuego lento durante 9 a 11 horas. (alto 4-5 horas) Retire el bistec. Si lo deseas, espesa el jugo con 1 1/2 cucharadas de maicena y 2 cucharadas de agua; regrese a ALTO y cocine hasta que espese.

# Salchicha italiana con espaguetis

## INGREDIENTES

- 2 kilos de salchicha italiana (dulce, picante o suave)

- 48 a 54 gramos de salsa para espaguetis preparada, aprox. 2 vasos grandes

- 1 lata (6 oz) de pasta de tomate

- pimiento verde, en rodajas finas

- 1 grande. cebolla, en rodajas finas

- 2 cucharadas de parmesano rallado

- 1 cucharadita de hojuelas de perejil

- 3/4 taza de agua

## PREPARACIÓN

1. Pon las salchichas en la sartén y cúbrela con agua. Hervir durante 10 minutos; drenaje. Mientras tanto, coloque todos los ingredientes restantes en la olla.
2. Corta la salchicha italiana en trozos grandes y agrégala a la olla; cubra y cocine a temperatura BAJA de 4 a 5 horas.
3. Aumente a ALTO y cocine por 1 hora más.
4. Sirve la salsa sobre los espaguetis y espolvorea con más parmesano si lo deseas.
5. Sirve de 10 a 12 porciones.

# Lomo De Cerdo Con Especias Jamaicanas

## INGREDIENTES

- 1/3 taza de gelatina de manzana
- 1 cucharada de vinagre de sidra
- 1/2 cucharadita de ajo en polvo
- 1 cucharada de salsa de soja (tamari)
- 1/2 cucharadita de canela
- 1/4 cucharadita de pimienta de Jamaica
- 1/4 cucharadita de pimienta
- 3 o 4 gotas de salsa picante
- 2 lomos de cerdo, cortados en 3-4 trozos cada uno (alrededor de 2 libras)

## PREPARACIÓN

1. Mezcla bien los primeros 8 ingredientes. Coloque la carne de cerdo en una olla de cocción lenta/cocina de barro y vierta la mezcla sobre ella, revolviendo suavemente para cubrir toda la carne. Tapar y cocinar a fuego lento durante 6-8 horas.
2. 4 a 6 porciones.

# Chuletas Crockpot de Janet

## INGREDIENTES

- 6-8 chuletas de cerdo

- salsa de tomate o barbacoa

- 1 pimiento morrón, picado

- 1 cebolla, picada

- 1/4 taza de agua

## PREPARACIÓN

1. Dorar las costillas de cerdo por ambos lados en una sartén con un poco de aceite vegetal. Cepille o extienda una fina capa de salsa de tomate sobre cada brocheta; Espolvoree sal y pimienta. Agrega los ingredientes restantes. Cubra y cocine a fuego alto durante 3 a 4 horas.

# Kielbasa con repollo

## INGREDIENTES

- 1/2 repollo cortado en rodajas grandes
- 1 papa mediana, cortada en cubitos
- 1 cucharadita de sal
- 1/2 cucharadita de semillas de comino, si lo desea
- 1 cebolla grande, cortada por la mitad y finamente picada
- 1 1/2 a 2 libras de kielbasa o salchicha ahumada similar, cortada en trozos de 1 pulgada
- 1 1/2 tazas de caldo de pollo

## PREPARACIÓN

1. Combine todos los ingredientes en la olla de cocción lenta, mezcle bien.
2. Tape y cocine a fuego lento durante 7 a 9 horas o a fuego alto durante 3 a 4 horas.
3. 4 a 6 porciones.

# Cazuela De Kielbasa

## INGREDIENTES

- 1 paquete. Kielbasa de pavo o salchicha ahumada, cortada en rodajas de 1 pulgada

- 1 bolsa de Texas Hash Browns congeladas (con cebolla y pimiento adentro)

- 1 lata de sopa de pollo

- 1 lata de sopa de queso cheddar

## PREPARACIÓN

1. Corta la kielbasa en trozos. Agregue todos los ingredientes a la olla de cocción lenta/olla de cocción lenta engrasada y revuelva. Cubra y cocine a temperatura BAJA durante 6 a 8 horas o ALTA durante 3 a 4 horas.

# Knockwurst y repollo

## INGREDIENTES

- 6 enlaces de salchichas

- 1/2 cucharadita de sal

- 1 cebolla mediana, cortada en rodajas finas

- 1 cucharadita de semillas de comino

- 1 repollo pequeño, picado

- 
2 tazas de sopa de pollo

## PREPARACIÓN

1. Corta la salchicha en trozos de 2 pulgadas. En la Crockpot, coloque capas alternas de trozos de salchicha con cebolla y repollo. Espolvorea con sal y semillas de comino. Vierta la sopa de pollo por todas partes. Tape y cocine a fuego lento durante 5 a 6 horas o hasta que el repollo esté tierno. Rinde 6 porciones.

# Salchicha de manzana Crockpot baja en grasa

## INGREDIENTES

- 4 manzanas medianas maduras, peladas, peladas y cortadas en rodajas
- 2 kg de salchicha ahumada, en rodajas
- 1/4 taza de azúcar morena, bien compacta
- 1/2 taza de cebolla picada
- 1 cucharada de almidón de maíz
- 2 cucharadas de agua
- 1 cucharada de mantequilla
- 1/8 de cucharadita de pimienta negra
- 1/2 taza de gelatina de manzana
- 1 cucharadita de jugo de limón
- 1/4 cucharadita de sal

## PREPARACIÓN

1. Coloca las manzanas en rodajas, la salchicha, el azúcar moreno y la cebolla en la olla de cocción lenta.
2. Combine la maicena y el agua, mezcle hasta que quede suave y luego agregue a la mezcla de manzana. Agregue los demás ingredientes y mezcle para combinar.
3. Cubra y cocine a temperatura BAJA durante 4-6 horas.

## Salario y panal

## INGREDIENTES

- 2 kg de costillas
- 1 lata de sopa de carne condensada (10 1/2 onzas)
- 1/2 taza de agua
- 2 cucharadas de jarabe de arce
- 2 cucharadas de miel
- 3 cucharadas de salsa de soja
- 2 cucharadas de salsa barbacoa
- 1/2 cucharadita de mostaza seca

## PREPARACIÓN

1. Ase las costillas a 350° durante 1 hora o cocine a la parrilla durante 20 minutos para eliminar el exceso de grasa. Cortar en porciones. Combine los ingredientes en la olla de cocción lenta; revuelva para mezclar. Agrega las costillas. Tape y cocine a fuego lento durante aproximadamente 8 horas.
2. Servir con arroz.

# Cerdo Mexicano y Frijoles Negros

## INGREDIENTES

- 1 kilogramo de frijoles negros cocidos o 3 latas (de 15 gramos cada una) de frijoles negros escurridos
- 1 libra de lomo de cerdo magro deshuesado, cortado en cubos de 1 pulgada
- 1 cucharadita de chile en polvo
- 1 cucharadita de cilantro molido
- 2 cucharaditas de sal
- 1 cebolla picada
- 1 diente de ajo, finamente picado
- 16 gramos de tomates guisados, picados
- pimienta negra, al gusto
- 2 tazas de agua
- arroz hervido caliente
- Cilantro o perejil recién picado, opcional

## PREPARACIÓN

1. Agregue los frijoles a la Crock Pot. Sazone la carne de cerdo con chile en polvo, cilantro y sal. Dorar ligeramente la cebolla y el ajo junto con el cerdo en una sartén ligeramente engrasada. Agrega los tomates con su jugo a la olla de cocción lenta. Agrega la mezcla de carne de cerdo, la pimienta y 2 tazas de agua. Cubra y cocine durante 9 horas a temperatura BAJA. Retire el arroz y decore con cilantro, si lo desea.

# Cena agridulce en Milwaukee

## INGREDIENTES

- 2 kg de repollo encurtido, enjuagado y escurrido

- 2 libras de kielbasa, cortada en trozos de 1 pulgada

- 2 manzanas ácidas grandes, sin corazón, peladas y cortadas en rodajas finas

- 1 cebolla mediana, partida por la mitad y en rodajas finas

- 2/3 taza de jugo de manzana

- 2/3 taza de azúcar morena clara, envasada

- 1 cucharada de mostaza preparada

- 1/2 cucharadita de sal

- Una pizca de pimienta negra

## PREPARACIÓN

1. Combine el chucrut, la kielbasa, las manzanas y las cebollas en el inserto de una olla de cocción lenta de 5 a 7 cuartos.
2. En una taza grande, combine el jugo, el azúcar moreno, la mostaza, la sal y la pimienta. Vierta sobre la mezcla de chucrut y revuelva para combinar los ingredientes.
3. Tape y cocine a temperatura BAJA durante 5 a 7 horas o ALTA durante 2 1/2 a 3 1/2 horas.
4. Sirve de 6 a 8 personas.

# Mostaccioli

## INGREDIENTES

- 1 kilogramo de salchicha italiana, suave o dulce
- 1 kilogramo de carne magra
- 1 taza de cebolla picada
- 1 lata (6 oz) de pasta de tomate
- 2 cucharaditas de azúcar granulada
- 1 cucharadita de sal
- 1/4 cucharadita de pimienta negra recién molida
- 1 lata (12 oz) de salsa de tomate
- 1 lata (14.5 oz) de tomates con jugo
- 1 hoja de laurel
- 1/2 cucharadita. Polvo de ajo
- 1 cucharadita. Orégano
- 1 cucharadita. albahaca dulce seca
- 16 gramos de Mostaccioli, penne o ziti
- 

Parmigiano Reggiano, para servir

## PREPARACIÓN

1. Salchichas doradas y carne picada; escurrir la grasa. Combine todos los ingredientes excepto la pasta y el parmesano en una olla de cocción lenta.
2. Tape y cocine a temperatura BAJA durante 6 horas, agregando un poco de agua hacia el final si la salsa parece demasiado espesa.
3. Justo antes de que la salsa esté lista, cocine los mostaccioli, penne o ziti en agua hirviendo con sal según las instrucciones del paquete.
4. Escurrir y servir la pasta tibia con salsa.

## Jamón Glaseado Con Mostaza

## INGREDIENTES

- Jamón cocido 3 a 5 libras
- 10 a 12 dientes enteros
- 1/2 taza de azúcar moreno
- 1 cucharada de mostaza preparada
- 2 cucharaditas de jugo de limón
- 2 cucharadas de jugo de naranja
- 2 cucharadas de maicena

## PREPARACIÓN

1. Puntuación del jamón en forma de diamante; untar con clavos enteros y poner en la olla de cocción lenta.
2. Combine el azúcar morena, la mostaza y el jugo de limón; vierta sobre el jamón. • Cubra y cocine a fuego alto durante 1 hora; gire a BAJA y continúe cocinando durante 7-9 horas.
3. Retire el jamón a un plato; mantener caliente
4. Enciende la olla de cocción lenta a fuego alto.
5. Combine el jugo de naranja y la maicena hasta obtener una pasta suave. Mezcle la grasa en una olla de cocción lenta. Continúe cocinando, revolviendo ocasionalmente, durante unos 15 minutos, o hasta que la salsa se espese.
6. Vierta sobre el jamón.
7. 8 a 12 porciones.

## Cerdo Myron's Bar-BQ
## INGREDIENTES

- filete de paleta de cerdo

- 1 cebolla grande

- 2 cucharadas de salsa inglesa

- salsa barbacoa, ver instrucciones

- sándwiches tostados o calientes

## PREPARACIÓN

1. Coloque el cerdo asado en la olla de barro.
2. Agrega la cebolla grande en rodajas y 2 cucharadas. Salsa inglesa.
3. Agregue agua hasta cubrir.
4. Cocine a fuego lento todo el día (al menos 12 horas).
5. Retire el bistec y deseche el agua de cocción. Conserva la cebolla.
6. Picar el cerdo, quitarle la grasa y los huesos.
7. Regrese la carne molida y las cebollas a la olla de cocción lenta/Crock Pot.
8. Vierta sobre una botella de su salsa barbacoa favorita y cocine a fuego lento durante aproximadamente una hora hasta que esté completamente caliente.
9. Sirva sobre panecillos calientes.
10. ¡Excelente! ¡Probado y verdadero, muchas veces durante los últimos 20 años!

# Costillas chinas de Myron

## INGREDIENTES

- 3 a 4 libras de costillas de cerdo
- 1/4 taza de salsa de soja
- 1/4 taza de mermelada de naranja (o mermelada de albaricoque)
- 1 cucharada de salsa de tomate
- 1 (¡o más!) diente de ajo machacado

## PREPARACIÓN

1. Combine la salsa de soja, la mermelada, el ketchup y el ajo. Cepilla todas las costillas. Colóquelo en una olla de cocción lenta o de barro y vierta el resto de la salsa por encima. Tape y cocine a temperatura BAJA durante un mínimo de 10 horas (yo cocino durante 12 horas porque me gusta que la carne se desprenda del hueso).
2. 4 a 6 porciones.

# Mis costillas al estilo campestre

## INGREDIENTES

- 3 kg de chuletas de cerdo estilo rústico

- 1 paquete de mezcla para sopa de puerros Knorr

- 1 lata de sopa de champiñones dorados

## PREPARACIÓN

1. Coloque las costillas en una olla de cocción lenta grande. Rocíe la mezcla de sopa de puerros sobre las costillas. Agrega la sopa de champiñones dorados. Apague la olla de cocción lenta y cocine por 12 horas.
2. NOTAS: Excelente servido con puré de patatas, guisantes ingleses y ensalada.
3. Puertas 6.

# Cerdo asado asiático de Myron

## INGREDIENTES

- 1 asado de cerdo, de 3 a 4 libras

- 1/4 taza de salsa de soja

- 1/4 taza de mermelada de naranja o mermelada de albaricoque

- 1 cucharada de salsa de tomate

- 1 (¡o más!) diente de ajo machacado

## PREPARACIÓN

1. Combine la salsa de soja, la mermelada, el ketchup y el ajo. Unte la mezcla por todo el asado de cerdo. Colocar en una olla de cocción lenta y agregar el resto de la salsa. Cubra y cocine a temperatura BAJA todo el día, al menos 10 horas (yo cocino el mío durante 12 horas).
2. Sirve de 6 a 8 personas.

# "Barbacoa" de cerdo de día lluvioso de Carolina del Norte.

## INGREDIENTES

- 1/2 taza de vinagre de sidra
- 1/4 taza de cebolla picada
- 1 cucharadita de salsa inglesa
- 1 cucharadita de Tabasco o salsa de chile similar
- 3 a 4 libras de cerdo asado, deshuesado, cortado y atado
- varias capas de humo líquido, si se desea
- 1 cucharada de azúcar granulada
- 1 cucharadita de sal
- 1 cucharadita de pimentón molido
- 1/4 cucharadita de pimienta negra
- 2 cucharadas de salsa de tomate
- 8 panes de hamburguesa calientes

## PREPARACIÓN

1. En un tazón grande no metálico, combine el vinagre de sidra, la cebolla picada, la salsa inglesa y la salsa picante. Añade el asado de cerdo, tapa y deja marinar en el frigorífico durante 6-10 horas. Voltéelo de vez en cuando para mantener el bistec cubierto con la marinada.
2. Retire la carne de cerdo de la marinada, agregue la cebolla a la marinada. Seque suavemente el bistec con toallas de papel. Vierte la marinada en una olla de cocción lenta y agrega el humo líquido.

3. Coloque una rejilla para carne o un aro de aluminio en la olla de cocción lenta.
4. Mezclar en una taza el azúcar, la sal, el pimentón y la pimienta. Frote la carne de cerdo con la mezcla de especias y colóquela sobre una rejilla en una olla.
5. Tape y cocine a temperatura BAJA durante 7 a 9 horas o hasta que esté muy tierno. Transfiera la carne de cerdo a una tabla de cortar; Cubrir con papel de aluminio para mantener el calor.
6. Quite la grasa de la superficie del líquido de cocción. Agrega la salsa de tomate; verter en un bol. Con 2 tenedores, desmenuce la carne de cerdo en tiras o córtela en trozos pequeños. Sirva la carne de cerdo sobre panecillos calientes con ensalada de col, frijoles o acompañamientos opcionales. Sirve la salsa a un lado.
7. Rinde de 8 a 10 sándwiches.

# Cerdo asado con naranjas

## INGREDIENTES

- 1 asado de cerdo, de 3 a 4 kilos, en rodajas
- 1/2 cucharadita de sal
- 1/4 cucharadita de pimienta
- 1 lata de concentrado de jugo de naranja congelado, descongelado (6 oz)
- 1/4 taza de azúcar morena
- 1/8 cucharadita de nuez moscada molida
- 1/8 cucharadita de harina universal molida
- 3 cucharadas de harina mezcladas con 3 cucharadas de agua fría

## PREPARACIÓN

1. Coloque el filete de lomo de cerdo en la olla de cocción lenta; Espolvoree sal y pimienta. Combine el concentrado de jugo de naranja, el azúcar moreno, la nuez moscada y la pimienta de Jamaica en un tazón; vierte sobre el bistec. Cubra y cocine a fuego alto durante 1 hora. Reduzca el fuego a bajo y cocine por 8 horas. Antes de servir, retira el jugo y vierte el líquido de cocción en una cacerola pequeña. Incorporar a la mezcla de harina y agua. Llevar a ebullición, revolver y continuar cocinando hasta que espese.
2. Sirva la salsa espesa con cerdo asado. Sírvelo con arroz y ensalada para una comida completa.
3. Sirve de 6 a 8 personas.

# La chuleta de cerdo perfecta de Paige

## INGREDIENTES

- Chuletas de cerdo deshuesadas de 2 3/4 de pulgada de grosor
- 1 cubito de caldo (pollo) o equivalente en gránulos
- 1/4 taza de agua tibia
- 2 cucharadas de mostaza Grey Poupon
- 2 cebollas pequeñas
- 

pimienta recién molida

## PREPARACIÓN

1. Siempre empiezo cualquier receta de chuletas de cerdo con chuletas congeladas. ¡Nunca se seca así! Comience dorando ambos lados de la costilla congelada. Utilicé una bandeja para hornear acanalada e hice un bonito patrón entrecruzado. Disuelva el caldo en agua caliente mientras cocina y agregue la mostaza. Revuelva bien. Corta los extremos y pela las cebollas, luego córtalas por la mitad en forma transversal para formar 4 "ruedas" gruesas. Disponer las cebollas en el fondo de las croquetas en una sola capa.

2. Cuando la costilla esté dorada, colócala encima de la cebolla. Espolvorea con pimienta negra recién molida al gusto y agrega lentamente el líquido por todas partes. ¡Lo cociné durante unas 4,5 horas y estaba delicioso! ¡Se derrite en tu boca! Lo serví con judías verdes al vapor, zanahorias y patatas rojas. ¡Las cebollas líquidas y suaves quedaron maravillosas servidas sobre las verduras!

## pimentón de cerdo

## INGREDIENTES

- 3 a 4 libras. costillas de cerdo rústicas y deshuesadas

- 1/3 taza de harina para todo uso

- 4 cucharaditas de pimentón húngaro

- 1/2 cucharadita de sal

- Chile

- 1 o 2 cucharadas de aceite vegetal

- 1 cebolla grande, partida por la mitad y en rodajas

- 1/2 taza de caldo de pollo

- 1/2 taza de crema

## PREPARACIÓN

1. Lavar el cerdo y secarlo. Mezclar la harina, el pimentón, la sal y la pimienta en una bolsa plástica. Coloque la carne de cerdo en la bolsa y tápela bien.
2. Calienta el aceite vegetal en una sartén grande a fuego medio-alto. Agrega la carne de cerdo y la cebolla; cocinar aprox. De 5 a 6 minutos, volteando las costillas de cerdo una vez para que se doren por ambos lados. Coloque la carne de cerdo y las cebollas doradas en una olla de cocción lenta de 5 a 7 cuartos. Vierta el caldo de pollo en una sartén caliente y raspe los trozos dorados; vierta sobre la carne de cerdo.
3. Cubra y cocine a temperatura BAJA durante 6-8 horas. Retire el cerdo y manténgalo caliente.
4. Vierte el jugo en una cacerola y coloca a fuego medio. Cocine a fuego lento durante 5 a 8 minutos, hasta que se reduzca aproximadamente entre 1/4 y 1/3. Retirar del fuego y mezclar con la nata; Sirve la salsa sobre el cerdo.
5. 4 a 6 porciones.

# Salsa De Salchichas Y Tomates Secos

## INGREDIENTES

- aceite de oliva

- 1 kilogramo de deliciosa salchicha italiana

- 1 cebolla mediana, picada

- 1/4 taza de zanahoria rallada (1 zanahoria pequeña)

- 1 pimiento dulce (yo uso rojo o amarillo)

- 1 calabaza amarilla mediana, sin semillas y picada (en trozos de aproximadamente 1/2 pulgada)

- 2 dientes de ajo, finamente picados

- 4 a 6 hojas de albahaca fresca, picadas

- 6 tomates secos cortados en cubitos

- 1 lata pequeña (6 oz) de pasta de tomate

- 1 lata (15 oz) de tomates cortados en cubitos y sin pelar

- 1 cucharada de agua

## PREPARACIÓN

1. Dorar las salchichas por todos lados en un poco de aceite de oliva; agregue la cebolla y saltee hasta que esté ligeramente dorada. Salchichas en rodajas; poner en la olla con la cebolla. Agrega los ingredientes restantes; cubra y cocine a fuego lento durante 6 a 8 horas o de 3 a 4 horas a fuego alto (puede necesitar un poco de agua si se cocina a fuego alto). Si la salsa queda demasiado espesa, añade un poco más de agua. A veces agrego una o dos cucharadas de agua y una cucharada de salsa Alfredo seca.
2. Sirva sobre espaguetis u otra pasta.
3. Llevas 4.

# Filete de cerdo con melocotones

## INGREDIENTES

- 4 chuletas de cerdo gruesas, de aprox. 1 1/2 pulgada de grosor o chuletas de cerdo o asados
- 2 cucharadas de aceite
- 3/4 cucharadita de hojas secas de albahaca
- 1/4 cucharadita de sal
- 1/8 de cucharadita de pimienta
- 1 lata (15 oz) de durazno en rodajas en jugo natural
- 2 cucharadas de vinagre
- 1 cucharada de granulado o base de sopa de carne
- 4 tazas de arroz caliente
- 1/4 taza de agua
- 2 cucharadas de maicena

## PREPARACIÓN

1. Quita la grasa del cerdo. Calienta el aceite en una sartén a fuego medio; cerdo dorado por ambos lados. Espolvorea sobre la albahaca, sal y pimienta.
2. Escurrir los melocotones reservando el almíbar. Coloque los duraznos en rodajas en la olla de cocción lenta. Pon la pulpa a los melocotones. Combine el jugo de durazno reservado, el vinagre y el caldo o caldo de res; vierta sobre la carne de cerdo. Cubra y cocine a temperatura BAJA durante 8 horas.

Coloque los filetes y los duraznos sobre arroz caliente en una fuente para servir; mantener caliente
3. Cuela el líquido de cocción y transfiérelos a la cacerola. Retire el exceso de grasa del líquido de cocción. En un tazón o taza pequeña, mezcla lentamente el agua fría con la maicena; revuelva con el líquido caliente. Cocine a fuego lento y revuelva hasta que espese y burbujee. Sirve los líquidos espesados con la carne de cerdo.
4. Para 4 porciones.

# Lomo de cerdo con piña

## INGREDIENTES

- 1 filete de lomo de cerdo deshuesado, aprox. 2 a 3 libras.

- 1/2 taza de harina sazonada con 1/2 cucharadita de sal y 1/4 cucharadita de pimienta

- 3 cucharadas de margarina

- 2 cebollas medianas, partidas por la mitad y en rodajas

- 1 lata de piña triturada (20 oz), sin pelar

- 1 cucharada de vinagre

- 1 cucharada de salsa de soja

- 1 o 2 cucharaditas de azúcar (opcional)

- 1 taza de pimiento morrón verde y/o rojo picado

- 1/2 cucharadita de canela

- 1/2 cucharadita de pimienta de Jamaica

- 1/2 cucharadita de jengibre molido

- 1 cucharadita de ajo en polvo

## PREPARACIÓN

1. Corta el lomo de cerdo en rodajas de aproximadamente 3/4 de pulgada de grosor. Se agrega harina sazonada. Calienta la margarina en una sartén grande a fuego medio. Agrega el exceso de carne de cerdo y harina; dore ambos lados. Transfiera la carne de cerdo dorada a la olla de cocción lenta/Crock Pot (3 1/2 cuartos o más). Agrega la cebolla y el pimiento a la sartén, revolviendo hasta que estén ligeramente dorados y tiernos. Agrega los demás ingredientes y deja hervir; vierta sobre la carne de cerdo.
2. Tape y cocine a fuego lento durante 8 a 10 horas. Sirva sobre arroz caliente. Sirve de 6 a 8 personas.

# Cena de cerdo asado con piña

## INGREDIENTES

- 1 asado de cerdo deshuesado (alrededor de 3 libras)
- sal y pimienta negra recién molida, al gusto
- 1 lata de piña triturada (8 oz)
- 2 cucharadas de azúcar moreno
- 2 cucharadas de salsa de soja
- 1/2 diente de ajo, finamente picado
- 1/4 cucharadita de albahaca seca
- 2 cucharadas de harina para todo uso
- 

1/4 taza de agua fría y fría

## PREPARACIÓN

1. Corta el pastel por la mitad, si es necesario, y colócalo en la Crock Pot y espolvorea con sal y pimienta.
2. Combine todos los ingredientes excepto la harina y el agua; vierte sobre el bistec.
3. Tapar y cocinar a fuego lento durante 8-10 horas. Retire el bistec. Escurre la piña y reserva el líquido de cocción. Regrese la carne y la piña a la olla. Agregue agua al líquido para hacer 1 3/4 tazas. Se vierte en la olla. Mezcle la harina y el agua fría hasta obtener una pasta suave.
4. Agregue el líquido caliente reservado. Llevar a ebullición y revolver hasta que espese. Vierta sobre el bistec; Servir con arroz si se desea.

# Piña - lomo de cerdo con arándanos rojos

## INGREDIENTES

- 1 lomo de cerdo deshuesado frito, aprox. 4 libras
- Sal y pimienta
- Polvo de ajo
- 1 lata (1 libra) de jugo de piña triturado
- 1/4 cucharadita. Nuez moscada
- 1 lata entera de salsa de arándanos
- 

1/4 cucharadita clavo, opcional

## PREPARACIÓN

1. Sazone el bistec con sal, pimienta y ajo en polvo; colocar en una olla de cocción lenta. Mezclar los ingredientes restantes y verter sobre la carne de cerdo. Tapar y cocinar durante 8-10 horas a fuego lento. La carne de cerdo debe estar a unos 160° en un termómetro para carnes. Para servir, corte en rodajas y rocíe la salsa sobre cada porción.
2. Sirve de 6 a 8 personas.

# Chuletas de cerdo marinadas con piña

## INGREDIENTES

- 
- 6 chuletas de cerdo
- 1 lata (20 oz) de trozos de piña con jugo
- 1/4 taza de azúcar morena
- 2 cucharaditas de salsa de soja

## PREPARACIÓN

1. Coloca las chuletas de cerdo en una bolsa de plástico; mezclar los ingredientes restantes; vierta sobre las chuletas de cerdo envueltas. Selle la bolsa y refrigere durante la noche. Colóquelo en Crock Pot a temperatura baja durante 6 a 8 horas o hasta que esté listo. Estas chuletas de cerdo también quedan buenas a la plancha.
2. Puertas 6.

## Pizza de papa crockpot

## INGREDIENTES

- 3 cucharadas de mantequilla

- 1/4 taza de harina para todo uso

- 1 cucharadita. sal

- 1/8 cucharadita. Pimienta

- 1 1/2 tazas de leche

- 1 a 1 1/2 tazas de queso rallado

- 5 patatas medianas, en rodajas finas

## **PREPARACIÓN**
1. Convierte las patatas en una olla de cocción lenta con mantequilla. Combine la mantequilla, la harina, la sal y la pimienta en una cacerola a fuego medio-bajo. Agrega poco a poco la leche hasta que no queden grumos. Calentar y revolver hasta que hierva y espese. Agrega el queso para derretirlo. Coloca las papas rebanadas en la olla eléctrica; vierta sobre la salsa de queso. Tapar y cocinar a fuego lento durante 5-7 horas.
2. Llevas 4.

# Chuletas de cerdo de plantación

## INGREDIENTES

- 4 chuletas de cerdo, lomo (de 1 a 1 1/2 pulgadas de grosor)
- 1 cucharada de nueces pecanas, finamente picadas
- 1 1/2 a 2 tazas de relleno de pan de maíz, preparado
- sal
- Pimienta
- 2 cucharadas de mantequilla derretida
- 1/4 taza de jarabe de maíz ligero
- 1/3 taza de jugo de naranja
- 1/2 cucharadita de cáscara de naranja rallada

## PREPARACIÓN

1. Con un cuchillo afilado, corta un bolsillo dentro de cada chuleta y forma un bolsillo para el relleno. Combine el relleno preparado con mantequilla, 1/4 de cucharadita de sal, jugo de naranja y nueces. Llena los bolsillos con relleno.
2. Espolvorea las chuletas de cerdo con sal y pimienta; colóquelo en la olla de cocción lenta. Unte con la mezcla de jarabe de maíz y cáscara de naranja. Refrigere la mezcla restante de jarabe de maíz. Tapar y cocinar a fuego lento durante 6-8 horas.
3. Suba a temperatura alta, vuelva a untar las costillas con la mezcla de jarabe de maíz y ralladura de naranja y cocine por otros 30 a 45 minutos.
4. Llevas 4.

# Delicioso cerdo y arroz

## INGREDIENTES

- 1 a 1 1/2 kg de chuletas de cerdo, aprox. 1/2 pulgada de espesor
- 1 cebolla mediana, picada
- 1 diente de ajo grande, finamente picado
- 1/2 taza de harina
- 1 cucharada de aceite de oliva
- sal y pimienta
- 1 1/4 tazas de arroz, volteado
- 2 cucharaditas de perejil seco
- 1 3/4 tazas de caldo de pollo
- 1 1/2 tazas de guisantes congelados (o un paquete de 10 onzas), opcional

## **PREPARACIÓN**

1. Pasar los trozos de cerdo por la harina. En una sartén grande a fuego medio, dore las costillas en aceite y espolvoree ligeramente con sal y pimienta. Agrega la cebolla picada y el ajo picado; Continúe cocinando hasta que la cebolla se ablande. Ponga el arroz en una olla/rallador, espolvoree con perejil y luego agregue la mezcla de carne de cerdo y cebolla. Vierta el caldo de pollo en una sartén caliente y revuelva para soltar los trozos dorados. Vierta la carne de cerdo y el arroz en la olla/olla de cocción lenta.
2. Tapar y cocinar a fuego lento durante 6-8 horas. Si lo desea, agregue guisantes congelados (descongelados; les dejo pasar agua caliente) en la última media hora.
3. 4 a 6 porciones.

# Cerdo y anacardos

## INGREDIENTES

- 1 1/2 kg de carne magra de cerdo – cortada en tiras finas
- 1 cucharada de salsa de soja
- aceite de maní u otro aceite vegetal
- 5 dientes de ajo, finamente picados
- 1/4 taza de azúcar morena
- 1 a 1 1/2 tazas de anacardos tostados
- arroz hervido caliente

## PREPARACIÓN

1. Unte las tiras de carne con la salsa de soja, déjelas reposar por 10 minutos. Configure Crockpot en ALTO. Agrega un poco de aceite a una sartén pesada a fuego alto; freír la carne de cerdo hasta que se dore. Transfiera la carne de cerdo a la olla. Agrega el ajo. Espolvoree con azúcar morena, cubra y cocine a temperatura ALTA durante 2-3 horas o BAJA durante 4-7 horas. Agrega los anacardos 30 minutos antes de servir. Servir con arroz caliente.
2. Puertas 6.

## cerdo con chile

## INGREDIENTES

- 2 a 2 1/2 libras de carne de cerdo o carne magra de cerdo, cortada en cubos de 1 pulgada
- 2 cucharadas de aceite vegetal
- 1 lata grande (28 oz) de tomates cortados en cubitos en jugo
- 1 lata (16 oz) de frijoles con chile, sin pelar
- 1 lata (8 oz) de salsa de tomate
- 1/2 taza de salsa
- 1/2 taza de cebolla picada
- 1 pimiento morrón pequeño, picado
- 1 cucharada de chile en polvo
- jalapeño picado u otro pimiento picante, al gusto (opcional)
- 1 diente de ajo, finamente picado
- Sal y pimienta para probar
- 1/4 cucharadita de pimienta de cayena o al gusto

## PREPARACIÓN

1. Dorar los cubos de cerdo en aceite caliente a fuego medio en una sartén grande. Drenaje. Coloca la carne de cerdo en una olla; agregue los ingredientes restantes. Tapar y cocinar a fuego lento durante 8-10 horas.
2. Sirve de 8 a 10 porciones.
3. Bueno con pan de maíz o galletas saladas.

# Cena de verduras con chuleta de cerdo

## INGREDIENTES

• 6 chuletas de cerdo, cortadas aprox. 1 pulgada de espesor

• 2 cucharadas de aceite de colza o de oliva

• 2 latas (de unos 15 gramos cada una) de judías verdes cortadas y escurridas

• 1 lata (12 oz) de maíz entero

• 1 cucharada de cebolla finamente picada

• 1 cucharadita de salsa inglesa

• 1 cucharadita de sal

• 1/4 cucharadita de pimienta

• 2 cucharadas de almidón de maíz

• 1 lata (8 oz) de salsa de tomate

# **PREPARACIÓN**

1. Dore las costillas de cerdo en canola o aceite de oliva en una sartén.
2. Coloque las judías verdes, el maíz y las chuletas de cerdo doradas en la olla. Agrega la cebolla picada, la salsa inglesa, sal y pimienta.
3. Incorpora la maicena y una pequeña cantidad de salsa de tomate. Agrega la mezcla de maicena y el resto de la salsa de tomate al fuego; revuelva para combinar los ingredientes.
4. Tapar y cocinar a fuego lento durante 6-8 horas.
5. Puertas 6.

# Chuletas de cerdo definitivas

## INGREDIENTES

- 
- 1 cebolla grande, cortada en rodajas
- 4 a 6 papas medianas, peladas y cortadas en rodajas
- 1 lata (10 3/4 onzas) de crema de champiñones condensada
- 4 a 6 chuletas de cerdo, deshuesadas o sin hueso
- Sal y pimienta para probar

## PREPARACIÓN

1. Rocíe ligeramente la olla de cocción lenta con mantequilla o spray antiadherente con sabor a ajo.
2. Coloque la cebolla y las papas en el fondo de la olla de cocción lenta.
3. Cubra con chuletas de cerdo, sal y pimienta, vierta la sopa sobre las costillas.
4. Cocine a fuego lento durante 6-8 horas, hasta que estén tiernos.
5. 
   4 a 6 porciones.

# Milanesa de puerco

## INGREDIENTES

- 1 caja, aprox. 6 gramos de mezcla de relleno picante
- 4 cucharadas de mantequilla
- 1/2 taza de cebolla picada
- 1/2 taza de apio picado
- 1/2 taza de zanahorias picadas, opcional
- 1 cucharada de perejil fresco picado o 1 cucharadita de hojuelas de perejil seco
- 1 taza de caldo de pollo
- 1/2 cucharadita de sal
- 1 taza de arándanos secos, opcional
- 1 filete de lomo de cerdo deshuesado, aprox. 2 a 3 libras
- 

## ••• Salsa de cerdo •••

- 1 cucharada de azúcar moreno
- 1 cucharadita de mezcla de especias criollas
- 1/2 cucharadita de sal
- Una pizca de pimienta negra
- 1/2 cucharadita de ajo en polvo
- 

1/2 cucharadita de pimentón dulce molido

## PREPARACIÓN

1. Engrase ligeramente una olla de cocción lenta de 5 a 6 cuartos.
2. Coloca el relleno en un bol grande.
3. Saltee la cebolla, el apio y las zanahorias en mantequilla a fuego medio-bajo hasta que estén suaves en una sartén o sartén. Incorpora la mezcla de cebolla a la mezcla de relleno. Agrega el perejil, el caldo de pollo, 1/2 cucharadita de sal y los arándanos secos; Revuelva bien.
4. Vierta la mezcla de relleno en la olla de cocción lenta.
5. Combine los ingredientes para frotar y frote sobre el asado de cerdo. Coloque la carne de cerdo encima de la mezcla de relleno.
6. Tape y cocine a temperatura BAJA durante 7 a 9 horas o hasta que la carne de cerdo esté bien cocida.
7. 
    4 a 6 porciones.

## cerdo marengo

## INGREDIENTES

- 2 kg de lomo de cerdo o lomo de cerdo deshuesado, cortado en cubos de 1 pulgada

- 1 cebolla mediana, picada

- 2 cucharadas de aceite vegetal

- 1 lata de tomates cortados en cubitos (14,5 oz)

- 1 cubo de caldo de pollo o gránulos

- 3/4 cucharadita de mejorana molida

- 1 cucharadita de sal

- 1/2 cucharadita de hojas secas de tomillo

- 1/4 cucharadita de pimienta negra molida

- 1 lata (4 onzas) de champiñones rebanados, escurridos, o use aproximadamente 8 onzas de champiñones frescos salteados

- 1/2 taza de agua fría

- 3 cucharadas de harina

## PREPARACIÓN

1. Combine la carne de cerdo y la cebolla; Dorar en una sartén con aceite caliente. Escurrir la grasa. Transfiera la carne de cerdo y la cebolla a la olla. Combine los tomates, el caldo, la mejorana, la sal, el tomillo y la pimienta en la misma sartén, revolviendo y raspando hasta que se doren. Vierte la carne de cerdo y la cebolla en la olla. Cubra y cocine a temperatura BAJA durante 8 a 10 horas. Al final del tiempo de cocción, cambie a ALTO y agregue los champiñones. Mezcle agua fría y harina hasta que quede suave; agregue la mezcla de carne de cerdo a la olla eléctrica.
2. Cocine sin tapar hasta que la salsa espese. Revuelva de vez en cuando para evitar que se pegue. Para espesar más rápido, ponga los líquidos en una cacerola y agregue la mezcla de agua y harina, revuelva y cocine a fuego lento hasta que espese. Sirva sobre arroz caliente.
3. Puertas 8.

## Lomo de cerdo criollo

### INGREDIENTES

- 2 lomos de cerdo de tamaño pequeño a mediano, aprox. 1 1/2 a 2 libras
- 1/2 taza de harina para todo uso, para dragar
- 1 cucharada de especias criollas
- 1 cebolla pequeña, picada en trozos grandes
- 1 pimiento morrón verde o rojo pequeño (o una combinación), picado en trozos grandes
- 1 apio en rodajas
- 1 paquete de salsa de pollo mixta
- 1 lata (14,5 oz) de tomates cortados en cubitos, sin pelar

### PREPARACIÓN

1. Corta los filetes por la mitad; dragar en una mezcla de harina y especias criollas.
2. Coloca los filetes en la olla de cocción lenta.
3. Espolvorea la cebolla, el pimiento y el apio sobre la carne de cerdo.
4. Cubra y cocine a temperatura BAJA durante 7 a 9 horas.
5. Durante los últimos 30 minutos, agrega la mezcla de salsa seca y los tomates. Continúe cocinando a temperatura alta durante otros 30 minutos.

## Lomo de cerdo con relleno de frutas

### INGREDIENTES

- 1 paquete (aproximadamente 1 1/2 libras) de lomo de cerdo

- 3 tazas de mezcla para relleno envasada (alrededor de 10 a 12 gramos)
- 2 cucharadas de hojuelas de apio secas o 1 rama de apio, finamente picada
- 1 cucharada de hojuelas de cebolla seca o 1 cebolla pequeña, picada
- 1/3 taza de orejones finamente picados
- 1 manzana, pelada, sin corazón y finamente picada
- 3/4 taza de agua tibia
- 1 caja de crema de apio 98% descremada.
- 

2 cucharadas de mantequilla derretida

## PREPARACIÓN

1. Corta el lomo de cerdo en rodajas de aproximadamente 1 1/2 pulgadas de grosor; colóquelo en una olla de 3 1/2 cuartos o más.
2. En un tazón, combine los ingredientes restantes; vierta sobre las rebanadas de cerdo. Tapar y cocinar a fuego lento durante 7-9 horas.
3. 4 a 6 porciones.

# Solomillo de cerdo al pimentón

## INGREDIENTES

- 1 1/2 a 2 libras de carne de cerdo, sin grasa visible, cortada en cubitos
- 3-4 cucharadas de harina para todo uso
- 1 cucharada de pimentón
- 1/4 cucharadita de sal
- 1/4 cucharadita de pimienta
- 1 cebolla mediana, picada en trozos grandes
- 1 pimiento verde, picado en trozos grandes
- 2 dientes de ajo grandes, machacados y finamente picados
- 1 taza de caldo de pollo fuerte (o use 2 cubitos de caldo o su equivalente en 1 taza de agua caliente)
- 3 cucharadas de vinagre de vino tinto o vinagre de sidra
- 3 cucharadas de puré de tomate
- 1/2 taza de crema
- sal y pimienta negra recién molida, al gusto

## PREPARACIÓN

1. Mezclar los cubos de cerdo en una bolsa plástica con la harina, el pimentón, la sal y la pimienta.
2. Pique el pimiento verde y el ajo y colóquelos en una olla de cocción lenta de 3 1/2 cuartos o más.
3. En un recipiente aparte o en una taza medidora de 2 tazas, combine el caldo, el vinagre y la pasta de tomate; Poner a un lado

4. Calienta el aceite de oliva en una sartén grande a fuego medio-alto. Agrega la carne de cerdo molida y la cebolla picada. Dorar rápidamente; transfiéralo a una olla de cocción lenta.
5. Vierta el caldo en una sartén caliente; Raspe el fondo para ver si hay trozos dorados y luego vierta la mezcla caliente sobre la mezcla de carne de cerdo.
6. Revuelve bien la mezcla.
7. Tapar y cocinar a fuego lento durante 7-9 horas. Agregue la crema agria 15 minutos antes de servir.
8. 4 a 6 porciones.

# Lomo de cerdo y batatas

## INGREDIENTES

- 1 1/2 kg de lomo de cerdo, cortado en trozos de 3/4 de pulgada de grosor
- 3 tazas de camotes crudos pelados y rebanados
- 1/2 taza de cebolla picada
- 1/2 taza de pimiento verde picado
- 1 lata (14,5 oz) de tomates cortados en cubitos
- 2 cucharadas de azúcar moreno
- 1/2 cucharadita de canela
- 1 cucharadita de hojuelas de perejil seco, opcional
- 

1/8 cucharadita de pimienta negra

## PREPARACIÓN

1. Rocíe la olla con aceite en aerosol o aceite ligero. Combine la carne de cerdo, las batatas, la cebolla y el pimiento verde. Combine los tomates con el azúcar morena, la canela, el perejil y la pimienta negra; vierta sobre la mezcla de carne de cerdo en la olla de cocción lenta. Cubra y cocine a fuego lento durante 8 a 10 horas. Mezclar antes de servir.
2. 4 a 6 porciones.

# Kraut 'n manzanas polacas

## INGREDIENTES

- 16 gramos de chucrut, bolsa o caja

- 1 libra de kielbasa o salchicha ahumada

- 3 manzanas para cocinar, peladas, peladas y cortadas en rodajas

- 1/2 taza de azúcar morena por paquete

- 3/4 cucharadita de sal

- 1/8 de cucharadita de pimienta

- 1/2 cucharadita de semillas de comino, opcional

- 2/3 taza de jugo de manzana o sidra de manzana

## PREPARACIÓN

1. Enjuague el chucrut; escurrirlas y exprimirlas. Coloca la mitad del chucrut en una olla de cocción lenta.
2. Corta la salchicha en trozos de 2 pulgadas. Colocar en una olla de cocción lenta. Continúe agregando manzanas, azúcar morena, sal y pimienta a la olla de cocción lenta. Espolvoree con semillas de comino, si las usa. Cubra con el chucrut restante. Agrega el jugo de manzana. No revuelvas la mezcla.
3. Tape y cocine a temperatura alta durante 3 a 3-1/2 horas o a temperatura baja durante 6 a 7 horas o hasta que las manzanas estén tiernas.
4. Revuelva antes de servir.
5. Llevas 4.

# Cerdo con verduras chinas

## INGREDIENTES

- 1 a 1 1/2 libras de carne de cerdo magra cortada en cubitos
- 1/2 taza de cebolla picada
- 2 latas (4 onzas cada una) de champiñones, escurridos
- 1 pimiento verde, cortado en tiras
- 1 lata de castañas de agua escurridas
- 1 cucharadita de jengibre molido
- 1 taza de caldo de pollo
- 1 cucharada de salsa de soja
- Sal y pimienta para probar
- 16 gramos de vegetales chinos congelados, descongelados
- 3 cucharadas de maicena
- 3 cucharadas de agua

## PREPARACIÓN

1. Dore la carne de cerdo y mézclela en una olla/olla de cocción lenta con los siguientes 8 ingredientes. Tape y cocine a fuego lento durante 8 a 10 horas o a fuego alto durante 4 a 5 horas. Unos 45 minutos antes de servir, sube el fuego y añade las verduras. Combine la maicena y el agua y agréguelos a la olla de cocción lenta/Crock Pot; Revuelva bien. Continúe cocinando hasta que las verduras se hayan espesado. Sirva sobre pasta o arroz.
2. 4 a 6 porciones.

# Chuletas De Cerdo Abracadabra

## INGREDIENTES

- chuletas de cerdo, de 4 a 8, de 3/4 a 1 pulgada de grosor
- sal y pimienta
- 1 10-3/4 oz. crema de champiñones enlatada
- 1 10-3/4 oz. lata de crema de pollo
- 1 10-3/4 oz. caja de sopa de pollo y arroz
- 
1 1/2 tazas de salsa barbacoa, tu favorita

## PREPARACIÓN

1. Dorar las chuletas de cerdo en una sartén grande y sazonar ligeramente con sal y pimienta. Pon las chuletas de cerdo en la olla de cocción lenta con todas las sopas y la salsa barbacoa; tape y cocine a fuego lento durante 7-9 horas.

# Cazuela De Chuleta De Cerdo

## INGREDIENTES

- 1/3 taza de harina
- 1 cucharadita de sal
- 1/2 cucharadita de sal de ajo
- 1 cucharadita de mostaza seca
- 4-6 chuletas de cerdo magras
- 2 cucharadas de aceite
- 1 lata de crema de pollo condensada o sopa condensada similar (crema de apio, crema de champiñones, etc.)

## PREPARACIÓN

1. Mezclar la harina, la sal, la mostaza y la sal de ajo y sazonar las costillas con la mezcla. Calentar el aceite en una sartén y dorar las costillas por ambos lados. Coloca las costillas en la olla de cocción lenta y agrega la sopa. Cocine a fuego lento durante 6-8 horas o como máximo 3-4 horas. Puedes agregar más sopa si quieres más salsa. Bueno con arroz o fideos.

# Chuleta De Cerdo Romántica

## INGREDIENTES

- 4 a 6 chuletas de cerdo, con o sin hueso
- Harina
- sal y pimienta
- 1/4 taza (o menos) de aceite de oliva virgen extra o aceite vegetal
- 1 cebolla grande, cortada en rodajas
- 2 cubos o gránulos o una base de caldo de pollo equivalente
- 2 tazas de agua tibia
- 8 oz. crema (sin grasa está bien)

## PREPARACIÓN

1. Sazone las chuletas de cerdo al gusto y espolvoree con harina. Dorarlos ligeramente en aceite en una sartén o sartén y ponerlos en la olla de cocción lenta; decora con rodajas de cebolla.
2. Disolver o remojar el caldo en agua caliente y verter sobre las costillas.
3. Cocine a fuego lento durante 7-8 horas.
4. Después de que las chuletas de cerdo estén cocidas, agregue 2 cucharadas de harina a la crema; agregue la salsa para cocinar. (No es necesario mezclarlo completamente con el caldo, pero tampoco lo arrojes encima).
5. Encienda la olla de cocción lenta durante 15-30 minutos o hasta que el líquido se espese un poco.
6. Sirva con su elección de arroz, pasta o papas. ¡La salsa de crema está deliciosa!
7. 4 a 6 porciones.

# Relleno de chuleta de cerdo y arándanos

## INGREDIENTES

- 4 a 6 papas medianas, peladas y cortadas en rodajas gruesas
- 4 a 6 chuletas de cerdo deshuesadas
- 1 paquete (6 oz) de mezcla de relleno de arándanos (o agregue aproximadamente 1/4 taza de arándanos secos a la mezcla de relleno sazonada con hierbas)
- 1 taza de agua tibia
- 1 cucharada de mantequilla blanda
- Sal y pimienta para probar

## PREPARACIÓN

1. Coloque las papas en una olla de cocción lenta de 3 1/2 cuartos o más; espolvoree ligeramente con sal y pimienta. Adorne con chuletas de cerdo; espolvoree ligeramente con sal y pimienta. Combine el relleno con 1 taza de agua tibia y 1 cucharada de mantequilla blanda. Vierta sobre las chuletas de cerdo. Tapar y cocinar a fuego lento durante 7-9 horas.
2. 4 a 6 porciones.

# Chuletas de cerdo - Olla de barro

## INGREDIENTES

- 6 a 8 chuletas de cerdo magras y gruesas, de 1 pulgada de grosor, deshuesadas o sin hueso
- 1/3 taza de harina
- 1 cucharadita de mostaza seca
- 1/2 cucharadita de ajo en polvo
- 1 cucharadita de sal
- 2 cucharadas de aceite
- 1 lata (10 3/4 onzas) de crema de champiñones, sin diluir

## PREPARACIÓN

1. Cortar las costillas. En un bol, combine la harina, la mostaza, el ajo en polvo y la sal. Cubra las chuletas de cerdo con los ingredientes secos. Calienta el aceite en el sarten; Dorar bien las chuletas de cerdo por ambos lados. Coloque las costillas doradas en la olla de cocción lenta. Agregue el caldo y cocine a fuego lento durante 6 a 8 horas o a fuego alto durante 3 a 4 horas.
2. Sirve de 6 a 8 personas.

# Chuletas de cerdo (olla de barro)

## INGREDIENTES

- 6 a 8 chuletas de cerdo magras, de aproximadamente 1 pulgada de grosor
- 1/2 taza de harina para todo uso
- 2 cucharaditas de sal
- 1 lata (10 oz.) de sopa de arroz con pollo o sopa de arroz salvaje con pollo
- 1 1/2 cucharaditas de mostaza seca
- 1/2 cucharadita de ajo en polvo
- 
2 cucharadas de aceite vegetal

## PREPARACIÓN

1. Coloque las chuletas de cerdo en la mezcla de harina, sal, mostaza seca y ajo en polvo. Dorarlos en aceite caliente en una sartén, dorarlos por ambos lados. Coloque las chuletas de cerdo doradas en la olla. Agrega el caldo de pollo y el arroz. Tape y cocine a fuego lento durante 6 a 8 horas o a fuego alto durante 3 a 4 horas.
2. Sirve de 6 a 8 personas.

# Chuletas De Cerdo En Crockpot

## INGREDIENTES

- 1/2 taza de cebolla picada
- 2 cucharadas de aceite vegetal
- 1 diente de ajo pequeño, finamente picado
- 2 cucharaditas de salsa inglesa
- 1/2 cucharadita de chile en polvo
- 1/2 taza de agua
- 3/4 taza de salsa de tomate
- Sal y pimienta
- 6 a 8 chuletas de cerdo, desmenuzadas, deshuesadas o deshuesadas

## PREPARACIÓN

1. Freír la cebolla en aceite hasta que se dore. Agrega el ajo, la salsa inglesa, el chile en polvo, el agua, el ketchup, la sal y la pimienta. Tapar y dejar que la salsa hierva a fuego lento durante unos 10 minutos. Coloca las chuletas de cerdo en una olla; vierte la salsa sobre las chuletas de cerdo. Cubra y cocine durante 7-9 horas a temperatura BAJA. Servir caliente.
2. Sirve de 6 a 8 personas.

# Chuletas de cerdo con manzanas

## INGREDIENTES

- 6 chuletas de cerdo, aprox. 1 pulgada de grosor, recortado para obtener grasa visible

- 2 cucharadas de aceite vegetal

- sal

- 6 manzanas ácidas, como Granny Smith, sin corazón y en rodajas gruesas

- 1/4 taza de grosellas o pasas, opcional

- 1 cucharada de jugo de limón

- 1/4 taza de azúcar moreno

## PREPARACIÓN

1. Dorar las costillas en aceite a fuego medio. Espolvorea con sal. Coloque las chuletas de cerdo en una olla de cocción lenta o de barro; combine los demás ingredientes y vierta sobre las chuletas de cerdo. Tape y cocine a fuego lento durante 7 a 9 horas o a fuego alto durante 3 a 4 horas.
2. Puertas 6.

# Chuletas de cerdo y patatas

## INGREDIENTES

- 6 chuletas de cerdo, deshuesadas, aprox. 1 pulgada de espesor
- 2 cucharadas de aceite vegetal
- 1 lata (10 3/4 onzas) de crema de champiñones condensada
- 1/4 taza de agua o caldo de pollo
- 1/4 taza de mostaza Bold 'n Spicy o mostaza Dijon
- 1/2 cucharadita de hojas secas de tomillo, picadas
- 1/4 cucharadita de ajo en polvo
- 1/4 cucharadita de pimienta negra
- 5 a 6 papas medianas, cortadas en rodajas aprox. 1/4 de pulgada de espesor
- 1 cebolla grande, cortada en rodajas

## PREPARACIÓN

1. En una sartén calienta el aceite a fuego medio; chuletas de cerdo doradas por ambos lados. Escurrir el exceso de grasa. Combine la crema de champiñones, el caldo de pollo, la mostaza, el tomillo, el ajo y la pimienta en una olla de cocción lenta de 3 1/2 cuartos o más. Agrega las papas y las cebollas, revolviendo suavemente para cubrirlas con la salsa. Coloque las chuletas de cerdo doradas encima de la mezcla de papa. Cubra y cocine a temperatura BAJA durante 8 a 10 horas o ALTA durante 4 a 5 horas.

# Lomo de cerdo con salsa de naranja y arándanos rojos

## INGREDIENTES

- 1 cebolla grande, partida por la mitad y en rodajas
- 1 lomo de cerdo deshuesado, limpio del exceso de grasa
- Sal y pimienta
- Jugo de 1 naranja, aproximadamente 4-5 cucharadas de jugo
- 1 frasco (aprox. 10 gramos) de mermelada de arándanos, aprox. 1 taza

## PREPARACIÓN

1. Coloque la cebolla cortada en rodajas en el fondo del recipiente para platos. Coloca el lomo de cerdo sobre las rodajas de cebolla y espolvorea con sal y pimienta. Si el lomo de cerdo es grande, córtalo en 2 o 3 trozos. Con un tenedor o una brocheta afilados, ensarte la carne de cerdo por todos lados. Rocíe con jugo de naranja y luego esparza la salsa de arándanos sobre la carne de cerdo.
2. Cubra y cocine a temperatura BAJA durante 8 a 10 horas o a temperatura ALTA durante 4 a 5 horas.
3. Puertas 6.

# Solomillo de cerdo con calabaza y boniatos

## INGREDIENTES

- 1 lomo de cerdo recién frito
- 3 zanahorias, peladas y cortadas en rodajas
- 3 calabacines amarillos, rebanados
- 3 batatas, peladas y cortadas en rodajas
- 

2 tazas de jugo de naranja

## PREPARACIÓN

1. Coloca la carne de cerdo en la olla, coloca las verduras alrededor del filete y vierte sobre el jugo de naranja.
2. Cocine a fuego lento durante 7-9 horas, hasta que la carne de cerdo esté cocida.

# Cerdo con salsa de mostaza y naranja

## INGREDIENTES

- 6 chuletas de cerdo deshuesadas, chuletas o chuletas magras de cerdo cortadas en cubos, aprox. 2 libras
- 1/2 a 1 taza de cebollas verdes en rodajas, con hojas verdes
- 1 cucharada de aceite
- 1/2 taza de jugo de naranja
- 1 1/2 cucharadas de salsa de soja
- 1 cucharada de mostaza Dijon
- 1 1/2 cucharaditas de miel
- 1/2 cucharadita de ajo en polvo
- 

Pimienta negra

## PREPARACIÓN

1. Dorar las chuletas de cerdo o las chuletas por ambos lados en aceite en una sartén grande. Coloque las costillas en una olla de cocción lenta y espolvoree con cebollas verdes en rodajas. Mezcle los ingredientes restantes y vierta sobre las costillas o las chuletas de cerdo. Tapar y cocinar a fuego lento durante 7-9 horas.
2. 4 a 6 porciones.

# Cerdo asado con batatas

## INGREDIENTES

- 1 filete de cerdo deshuesado, aprox. 3-4 libras más o menos
- 2 o 3 batatas grandes
- 1 pimiento verde
- 1/2 taza de sidra de manzana
- 3 cucharadas de azúcar moreno
- 1 cucharadita de canela
- Sal y pimienta para probar

## PREPARACIÓN

1. Coloca la carne de cerdo en la olla de cocción lenta. Corta los boniatos y los pimientos verdes en trozos grandes y agrégalos. Mezclar los demás ingredientes y verter sobre todo; cocine todo el día a fuego lento o aproximadamente 4 horas a fuego alto. Servir con arroz. Si lo deseas, utiliza una mezcla de maicena y agua para espesar la salsa.
2. 4 a 6 porciones.

# Cazuela De Enchiladas De Cerdo

## INGREDIENTES

• 2 a 3 libras de cerdo asado deshuesado, desmenuzado y cortado en cubos de 1/2 a 3/4 de pulgada

• 2 cucharadas de aceite vegetal

• 1 lata de tomates cortados en cubitos

• 7-12 onzas de chiles verdes cortados en cubitos

• 2 chiles jalapeños, sin semillas y picados, o al gusto

• 2 dientes de ajo machacados y finamente picados

• Sal al gusto

• 1/4 cucharadita de pimienta

• 1/2 cucharadita de comino molido

• 2 tazas de Jack, Cheddar, mezcla mexicana o jalapeño rallado

• 1/2 taza de salsa o salsa para enchiladas

• 6-8 tortillas de maíz

## PREPARACIÓN

1. Dore rápidamente los cubos de cerdo en aceite en una sartén grande a fuego medio-alto. Escurrir y transferir a la olla de cocción lenta. Agrega los tomates, los chiles, el pimentón, el ajo, la sal y el comino. Cubra y cocine a fuego lento durante 7 a 9 horas; agregue 1 1/2 tazas de queso en los últimos 45 minutos.
2. En una sartén de 2 cuartos, coloque suficiente mezcla de carne de cerdo para cubrir el fondo. Cubra con 2 o 3 tortillas y luego más mezcla de carne de cerdo.
3. Repita hasta usar la carne de cerdo y las tortillas, terminando con la carne de cerdo. Espolvorea el resto del queso por encima y vierte la salsa sobre el queso.
4. Hornee a 350 grados durante 20 a 30 minutos.
5. Puertas 6.

# Chuletas de cerdo al estilo campestre

## INGREDIENTES

- 2 a 3 libras de chuletas de cerdo estilo campestre

- 

1 taza de salsa de tomate

- 

8 gramos de cola: Coca-Cola, Dr. Pepper, etc.

## PREPARACIÓN

1. Combine salsa de tomate y cola.
2. Coloque las chuletas de cerdo estilo campestre en la olla de cocción lenta.
3. Vierta la mezcla de cola sobre las costillas. Tape y cocine durante 2 horas a temperatura ALTA, luego cocine de 3 a 4 horas a temperatura BAJA. Engrase de vez en cuando, si lo desea.
4. Sirve de 6 a 8 personas.

# Costillas de cerdo y chucrut

## INGREDIENTES

- 1 kg de chucrut fresco (en bolsa), enjuagado y bien escurrido
- 1 cebolla picada
- 1 lata (14,5 gramos) de tomates guisados italianos enlatados
- 1/2 taza de azúcar morena, envasada
- 3 libras. costillas de cerdo al estilo campestre cortadas en trozos individuales
- 

una pizca de semilla de apio

## PREPARACIÓN

1. En una olla de cocción lenta, coloque todos los ingredientes en capas, comenzando con el chucrut y terminando con las chuletas de cerdo, con el hueso hacia arriba. Tapar y cocinar a fuego lento durante 8-10 horas.

# Cerdo y chucrut

## INGREDIENTES

- 2 libras. cerdo deshuesado

- 1 paquete. Sopa De Cebolla Lipton

- 3 cucharadas de eneldo fresco picado o 2-3 cucharaditas de eneldo seco

- 1 diente de ajo, finamente picado

- 1 cucharadita. semillas de comino

- 1 lata (10 3/4 onzas) de caldo de res condensado, sin diluir o 1 1/2 tazas de caldo de res fuerte

- 3 cucharas. pimenton

- 1 1/2 a 2 libras de chucrut, escurrido

- 3-4 tazas de crema

## PREPARACIÓN

1. El día anterior: quitar la grasa de la carne; corte la carne en trozos de 2 pulgadas. En una olla de cocción lenta, combine la carne de cerdo, la cebolla, el eneldo, el ajo, el comino y el caldo de res. Cocine a fuego lento durante 4-6 horas; enfríe durante la noche, luego retire la grasa de encima antes de continuar. Disuelva el pimentón en 1 taza de sopa de cerdo caliente; agréguelo nuevamente al cerdo junto con el chucrut. Tape y cocine a fuego lento durante 6 a 8 horas más o hasta que la carne esté tierna, o cocine a fuego lento tapado durante aproximadamente 1 hora.
2. Agrega la crema. Se sirve con puré de patatas.

# Estofado de cerdo, chucrut y cebada

## INGREDIENTES

- 2 libras. cerdo deshuesado

- 1 paquete. Sopa De Cebolla Lipton

- 3 cucharadas de eneldo fresco picado o 2-3 cucharaditas de eneldo seco

- 1 diente de ajo, finamente picado

- 1 cucharadita. semillas de comino

- 1 lata (10 3/4 onzas) de caldo de res condensado, sin diluir o 1 1/2 tazas de caldo de res fuerte

- 3 cucharas. pimenton

- 1 1/2 a 2 libras de chucrut, escurrido

- 3-4 tazas de crema

## PREPARACIÓN

1. El día anterior: quitar la grasa de la carne; corte la carne en trozos de 2 pulgadas. En una olla de cocción lenta, combine la carne de cerdo, la cebolla, el eneldo, el ajo, el comino y el caldo de res. Cocine a fuego lento durante 4-6 horas; enfríe durante la noche, luego retire la grasa de encima antes de continuar. Disuelva el pimentón en 1 taza de sopa de cerdo caliente; agréguelo nuevamente al cerdo junto con el chucrut. Tape y cocine a fuego lento durante 6 a 8 horas más o hasta que la carne esté tierna, o cocine a fuego lento tapado durante aproximadamente 1 hora.
2. Agrega la crema. Se sirve con puré de patatas.

# Estofado de cerdo

## INGREDIENTES

- 1 1/2 libra de carne de cerdo, cortada en tiras
- 2 cucharas. aceite vegetal
- 1 taza de cebolla picada
- 1 pimiento verde pequeño, picado
- 1 lata (4 oz) de champiñones, escurridos
- 8 oz. ¿Podemos tener salsa de tomate?
- 3 cucharas. azúcar morena
- 1 1/2 cucharada. vinagre
- 1 1/2 cucharadita. sal
- 2 cucharas. salsa inglesa

## PREPARACIÓN

1. Dorar la carne de cerdo en el aceite en una sartén. Seque sobre toallas de papel si lo desea. Coloca las tiras de cerdo y otros ingredientes en la olla de cocción lenta. Cubra y cocine a temperatura BAJA durante 6 a 8 horas a temperatura ALTA durante 3 a 4 horas. Sirva sobre pasta o arroz.
2. 4 a 6 porciones.

# Estofado de cerdo con jugo de manzana

## INGREDIENTES

• 1 1/2 a 2 libras de carne de cerdo, desmenuzada y cortada en cubos de 1 pulgada

• 2 a 3 tazas de papas cortadas en cubitos, alrededor de 2 1/2 a 3 libras

• 2 zanahorias medianas a grandes, en rodajas de aprox. 1/2 pulgada de espesor

• 1 taza de cebolla picada

• 1 manzana ácida grande, como Granny Smith, pelada, sin corazón y picada

• 1/2 taza de apio picado

• 3 cucharadas de tapioca de cocción rápida

• 2 tazas de jugo de manzana

• 1 cucharadita de sal

• 1/4 cucharadita de pimienta negra molida

## **PREPARACIÓN**
1. Combine todos los ingredientes en una olla de cocción lenta. Cubra y hornee a temperatura BAJA durante 9 a 10 horas o ALTA durante 4 1/2 a 5 horas.
2. Puertas 6.

• La tapioca se utiliza para espesar el guiso. Si no tienes tapioca o no puedes conseguirla, mezcla 2 cucharadas de maicena y 2 cucharadas de agua fría y agrégala al guiso unos 30 minutos antes de que esté listo.

# Estofado de cerdo con batatas

## INGREDIENTES

- 3 batatas medianas, peladas y cortadas en cubos de 1 1/2 pulgada
- 1 pimiento verde, cortado en tiras
- 1 taza de maíz entero, congelado
- 1 cebolla mediana, partida por la mitad y en rodajas finas
- 2 dientes de ajo grandes, finamente picados
- 1 1/2 libras de carne de cerdo deshuesada, cortada en cubos de 1 pulgada
- 1 cucharadita de chile en polvo
- 1/2 cucharadita de cilantro molido
- 1/2 cucharadita de sal
- 2 tazas de agua
- 1 lata (10 oz) de tomates Ro-Tel, tomates cortados en cubitos con chiles verdes
- 1 taza de judías verdes congeladas picadas, descongeladas

## PREPARACIÓN

1. Coloca las batatas, los pimientos, el maíz, la cebolla y el ajo en la olla de cocción lenta. Agrega los cubos de cerdo, el chile en polvo, el cilantro molido y la sal. Vierta agua y tomates por todas partes. Cubra y cocine a temperatura BAJA durante 7-8 horas. Agrega las judías verdes durante los últimos 20 minutos.
2. Puertas 6.

# Solomillo de cerdo con manzanas

## INGREDIENTES

• 2 lomos de cerdo (1 1/2 a 2 libras en total)

• 1 cebolla grande, partida por la mitad y cortada en rodajas de 1/4 de pulgada

• 2 manzanas, peladas y picadas en trozos grandes

• 2 cucharadas de gelatina de manzana

• 1 cucharada de vinagre de sidra

• sal y pimienta negra molida gruesa al gusto

## PREPARACIÓN

1. Combine todos los ingredientes en una olla de cocción lenta o Crock Pot (dore la carne de cerdo si lo desea). Tapar y cocinar a fuego lento durante 7-9 horas. Servir con arroz.
2. 4 a 6 porciones.

# Estofado de Cerdo y Tomatillo

## INGREDIENTES

- 2 libras de costillas deshuesadas o lomo de cerdo, despuntadas y cortadas en cubos muy pequeños
- sal y pimienta
- 1/4 taza de harina
- 2 cucharadas de aceite de oliva
- 1 1/2 tazas de apio cortado en cubitos
- 1 taza de cebolla picada
- 2 dientes de ajo, finamente picados
- 2 tazas de sopa de pollo
- 3 a 6 cucharadas de aros de jalapeño escurridos o pimiento morrón triturado
- 1 taza de zanahorias cortadas en juliana
- 2 papas medianas, cortadas en cubitos
- 1 kilogramo de tomates, sin piel, lavados y cortados en cubitos
- 2 latas (14,5 gramos cada una) de tomates cortados en cubitos
- 1 cucharada de comino molido
- 2 cucharaditas de chile en polvo
- una pizca de orégano seco
- salsa picante, al gusto
- Sal y pimienta para probar

- cilantro fresco picado, opcional

## PREPARACIÓN

1. Espolvorea ligeramente los cubos de cerdo con sal y pimienta; mezcle la harina. Calienta 2 cucharadas de aceite de oliva en una sartén grande; agregue la carne de cerdo y saltee, revolviendo, hasta que esté bien dorada; transfiera a una olla de cocción lenta de 5 a 6 cuartos. En la misma sartén, añadiendo un poco más de aceite si es necesario, sofreímos el apio y la cebolla hasta que estén tiernos. Agregue el ajo, el caldo de pollo y el jalapeño o pimentón, revolviendo y raspando los trozos dorados del fondo de la sartén.
2. Poner a un lado.
3. Mientras tanto, añade las zanahorias, las patatas y los tomates a la olla de cocción lenta. Vierta sobre los tomates, luego agregue la mezcla de cebolla y apio de la sartén. Revuelva para combinar los ingredientes. Tape y cocine a temperatura alta durante 3 horas o a temperatura baja durante 6 horas. Agrega especias. Cocine de 1 a 2 horas más en ALTO o aproximadamente de 2 a 3 horas más en BAJO. Prueba y ajusta el sazón. Sirva con una pizca de cilantro, si lo desea, y pan de maíz tibio.
4. Sirve de 6 a 8 personas.

# Cerdo asado a la olla

## INGREDIENTES

- 4 dientes de ajo grandes, cortados en cuartos
- 1 lomo de cerdo asado, deshuesado, aprox. 4-5 libras
- 1 cucharadita de sal
- 1 cucharadita pequeña de hojas secas de tomillo
- 1/2 cucharadita de hojas de salvia secas, picadas
- 1/4 cucharadita de hojas secas de romero, picadas
- 1/4 cucharadita de estragón seco, picado, opcional
- una pizca de clavo o pimienta de Jamaica
- 1 cucharadita de cáscara de limón rallada, opcional
- 1/3 taza de agua
- 3 cucharadas de fécula de maíz, opcional
- 3 cucharadas de agua, opcional

## PREPARACIÓN

1. Corta 16 bolsitas pequeñas en el filete e introduce las rodajas de ajo. Combine la sal, las hierbas y la ralladura de limón en un tazón pequeño. Frote la mezcla de especias en el bistec.
2. Vierta 1/2 taza de agua en la olla de cocción lenta; agrega el bistec. Cubra y cocine a temperatura BAJA durante 8 a 10 horas. El cerdo asado debe marcar al menos 145° en un termómetro de lectura instantánea.
3. Si lo desea, espese los jugos. Retire el filete de los jugos. Combina la maicena con 3 cucharadas de agua; mezcle hasta que quede suave, luego agregue el jugo de la olla eléctrica.
4. Cocine a fuego alto hasta que espese. Se sirve con cerdo asado.
5. Puertas 8.

# Jeff Pozol

## INGREDIENTES

- 
1 cebolla picada
- 1 libra de carne de cerdo magra cortada en cubos de 1 pulgada
- 2 dientes de ajo picados
- 1 lata (8 oz.) de salsa de tomate
- 2 latas (15 oz) de chile, sin frijoles
- 1 lata (29 oz) de suavizante, escurrida
- 1 hoja de laurel
- 1 cucharadita. De cada hierba seca. Orégano, albahaca, perejil y comino
- 1 cuchara. De chile en polvo

## PREPARACIÓN

1. Combine todos los ingredientes en la olla eléctrica; tape y cocine a fuego lento durante 6 horas.

# Costillas rojas hervidas

## INGREDIENTES

- 3/4 taza de salsa hoisin

- 3 cucharadas de salsa de soja

- 2 cucharadas de jerez seco

- 1 cucharadita de jengibre molido

- 1 cucharada de miel

- 4 dientes de ajo, finamente picados

- 1 cucharadita de pimienta de Jamaica molida

- 2 cucharaditas de cáscara de naranja rallada

- 1 pimiento rojo pequeño, sin semillas y picado, o aproximadamente 1/2 cucharadita de pimiento picado

- 1 manojo de cebollas verdes, unas 6-8, en rodajas, con hojas verdes

- 2 a 3 libras de costillas de cerdo deshuesadas al estilo campestre, recortadas

## PREPARACIÓN

1. En un tazón pequeño, mezcle la salsa hoisin, la salsa de soja, el jerez, el jengibre, la miel, el ajo, la pimienta de Jamaica, la ralladura de naranja y las hojuelas de pimiento rojo.
2. Coloque 1/3 de las cebollas verdes en una olla de cocción lenta de 3 1/2 a 5 cuartos.
3. Cubre las brochetas con un poco de carne y vierte un poco de salsa sobre la carne.
4. Repite estas capas 2 veces más, terminando con la salsa restante.
5. Tape y cocine a fuego lento durante 9 a 10 horas o hasta que estén tiernos.
6. Puertas 6.

## salsa de cerdo

### INGREDIENTES

- Asado de cerdo deshuesado o lomo de cerdo deshuesado en rodajas
- salsa fresca
- sal y pimienta

### PREPARACIÓN

1. Coloca el bistec en la olla de cocción lenta. Cubra con salsa fresca. Agregue los condimentos adicionales que desee.
2. Cocine a fuego lento durante 6 a 8 horas o hasta que el bistec esté tierno.

# Salchicha italiana traviesa

## INGREDIENTES

- 4 a 6 salchichas italianas
- 2 cucharadas de concentrado de tomate
- 1/2 cucharadita de albahaca dulce seca
- 1/2 cucharadita de hojas secas de orégano
- 4 a 6 tomates medianos cortados en cubitos
- 2 cebollas, partidas por la mitad y en rodajas
- 1 pimiento verde pequeño, cortado en tiras
- una pizca de pimienta de cayena, más o menos al gusto
- Sal y pimienta para probar
- mozzarella en rodajas, si lo desea

## PREPARACIÓN

1. En una cacerola mediana, hierve las salchichas en agua durante unos 20 minutos; Escurrir y transferir a la olla de cocción lenta. Agrega los ingredientes restantes. Tapar y cocinar a fuego lento durante 6-8 horas. Sirva sobre un panini crujiente o cubra con una cobertura de mozzarella y ase hasta que el queso se derrita y burbujee. Una comida deliciosa con ensalada mixta.
2. Recetas de salchichas italianas 4.

# Filetes abundantes de manzana y miel

## INGREDIENTES

- Lomo de cerdo 1 a 1 1/2 libras

- 1 cebolla mediana, picada

- 1/2 taza de manzana seca o albaricoque picado

- 1 pimiento morrón, picado

- 1 paquete de salsa campestre mixta (1 oz)

- 1/4 taza de miel

- 1/3 taza de agua

- 3 cucharadas de salsa de soja baja en sodio

- 2 cucharadas de vinagre de sidra o vino

- 1 cucharadita de ajo en polvo

- Sal y pimienta para probar

## PREPARACIÓN

1. Poner el cerdo en una cacerola con la cebolla, la manzana seca y el pimentón.
2. Combine los ingredientes restantes; vierta sobre la carne de cerdo.
3. Tape y cocine a fuego lento durante 7 a 9 horas (3 1/2 a 4 1/2 horas como máximo).
4. 4 a 6 porciones.

www.ingramcontent.com/pod-product-compliance
Lightning Source LLC
Chambersburg PA
CBHW050158130526
44591CB00034B/1320